KB232610

중국어 회화

X

활용편

파일 ❷

놀면서 익히는 중국어 秘書!

중국어 회화 X파일 ❷ 활용편

인쇄일	2018년 1월 29일
발행일	2018년 2월 9일

저 자	김성민, 이명순 공저
발 행 인	윤우상
총 괄	윤병호
책임편집	최다연
북디자인	Design Didot 디자인디도
발 행 처	송산출판사
주 소	서울특별시 서대문구 통일로32길 14 (홍제 2동)
전 화	(02) 735-6189
팩 스	(02) 737-2260
홈페이지	http://www.songsanpub.co.kr
E-mail	songsan1@korea.com
등록일자	1976년 2월 2일. 제 9-40호

ISBN	978-89-7780-238-4 14720
	978-89-7780-236-0 14720 (세트)

놀면서 익히는 중국어 秘書!

중국어 회화

활용편

파일 2

김성민·이명순 공저

송산출판사

머리말

　'첫 단추를 잘 끼워라'는 속담같이 중국어를 배울 때도 시작이 아주 중요합니다. 특히 중국어 문법은 규칙적이지 않기 때문에 설명이 잘 되어있는 좋은 교재를 선택하는 것이 효과적으로 중국어를 배울 수 있는 방법입니다.

　'적은 노력으로 많은 성과를 올리기' 본 교재는 한국인 학습자들의 입장을 고려하여, 한국인으로서 중국어를 표현하는 능력을 키우고자 하는 목적을 가지고 기획되었습니다. 이러한 목적을 이루기 위하여, 모든 회화의 상황설정은 한국인들이 이해하기 쉬운 일상생활 회화 위주로 하였으며, 그 상황에 맞게 중국어의 가장 기본적이면서도 사용빈도가 높은 표현을 순차적으로 실었습니다. 그리고 중국어를 처음 배우시는 분들을 위하여 문형과 문법을 아주 자세하게 설명해놓았을 뿐만 아니라, 배운 내용을 소화할 수 있도록 다양한 연습 문제도 준비되어있습니다. 특히 학습자들이 이해하기 어려운 비슷한 단어들을 한눈에 들어올 수 있도록 도표로 정리 놓았습니다. 문형 익히기, 그림 보고 말하기, 쓰기에 도전하기 등 다양한 코너는 저자가 심혈을 기울여 만든 코너인 만큼 여러분들에게 조금이나마 도움이 되었으면 합니다.

　'천리 길도 한 걸음부터' 지금 여러분이 설레는 마음으로 이 책의 첫 장을 펼치셨다면 이미 반은 성공한 것입니다. 중국어를 끝까지 잘 배워야겠다는 초심을 잃지 말고 한 걸음 한 걸음 나아가다보면 자신도 모르는 사이에 중국어실력이 쑥쑥 늘 것입니다.

　　중국어를 공부하는 학습자들의 날로 진보하는 모습을 그려보면서 소기의 성과를 거둘
수 있기를 기원합니다. 끝으로 이런 저자의 의도에 기꺼이 응해주시고 적극적인 배려를 아
끼지 않으신 송산출판사 윤우상 사장님과 윤병호 과장님, 그리고 작업을 도와주신 편집부
최다연 대리님의 노고에 감사드립니다.

저자 이명순

这件衣服多少钱？

기초 회화 

服务员:	Nǐ hǎo! Nín xiǎng mǎi diǎnr shénme? 你 好！您　想　买 点儿 什么？
王刚:	Wǒ xiǎng mǎi jiàn chènshān. 我　想　买 件　衬衫。
服务员:	Nín xiǎng mǎi nánshì chènshān háishi nǚshì chènshān? 您　想　买 男士　衬衫　还是 女士 衬衫？
王刚:	Wǒ xiǎng mǎi yí jiàn nánshì chènshān. 我　想　买 一 件　男士　衬衫。
服务员:	Nánshì chènshān zài liù lóu. 男士　衬衫　在 六 楼。
王刚:	Qǐngwèn, diàntī zài nǎr? 请问，　电梯 在 哪儿？
服务员:	Diàntī zài nàbiān. 电梯 在 那边。

点儿　diǎnr ⑱ 조금 [불확정적인 수량]

件　jiàn ⑱ 건, 개[옷·일을 셀 때 쓰임]

衬衫　chènshān ⑲ 와이셔츠, 셔츠, 블라우스

男士　nánshì ⑲ 신사

女士　nǚshì ⑲ 숙녀

楼　lóu ⑱ 층

请问　qǐngwèn ⑧ 말씀 좀 여쭙겠습니다

电梯　diàntī ⑲ 엘리베이터

王刚: Zhè jiàn yīfu duōshao qián?
这 件 衣服 多少 钱?

服务员: Yìqiān sānbǎi kuài.
一千 三百 块。

王刚: Tài guì le! Néng bu néng piányi diǎnr?
太 贵 了! 能 不 能 便宜 点儿?

服务员: Nín yòng xiànjīn dehuà, kěyǐ gěi nǐ dǎ jiǔ zhé.
您 用 现金 的话, 可以 给 你 打 九 折。

王刚: Zhǐ yǒu zhè yì zhǒng yánsè ma?
只 有 这 一 种 颜色 吗?

服务员: Hái yǒu hēisè de.
还 有 黑色 的。

王刚: Nà gěi wǒ ná hēisè de ba.
那 给 我 拿 黑色 的 吧。

服务员: Hǎode, qǐng děng yíxià.
好的, 请 等 一下。

多少钱 duōshao qián 얼마예요?

块 kuài (양) 위안

能不能 néng bu néng …하면 안 될까요?

便宜 piányi (형) (값이) 싸다

用 yòng (동) 사용하다

现金 xiànjīn (명) 현금

的话 dehuà (조) …이면

打折 dǎzhé (동) 디스카운트하다

打九折 dǎ jiǔ zhé 10% 할인하다

种 zhǒng (명) 종, 종류

颜色 yánsè (명) 색, 색깔

还 hái [부사] 또

黑色 hēisè (명) 검은색

黑色的 hēisè de (명) 검은 것

拿 ná (동) (손으로) 쥐다, 가지다

请 qǐng 상대방에게 어떤 일을 부탁하거나 권할 때 쓰는 경어

等 děng (동) 기다리다

1

你想买点儿什么?
무엇을 좀 사시려고 합니까?

Nǐ xiǎng	mǎi / chī / hē 买 / 吃 / 喝	diǎnr 点儿	shénme? 什么?
你 想			

▶ 무엇을 좀 사시려고 합니까? | 무엇을 좀 드시려고 합니까? | 무엇을 좀 마시려고 합니까?
'点儿 diǎnr'은 '一点儿 yìdiǎnr'의 '一'을 생략한 것이며, 동사 뒤에 쓰일 경우 '조금'이라는 뜻으로 적은 양을 나타낸다.

2

能不能便宜点儿?
좀 싸게 해줄 수 있습니까?

Néng bu néng 能 不 能	piányi 便宜 / ānjìng 安静 / kuài 快	diǎnr 点儿?

▶ 좀 싸게 해줄 수 있습니까? | 좀 조용히 해주시면 안 될까요? | 좀 빨리 하면 안 될까요?

'能不能 néng bu néng'은 '…하면 안 될까요?'란 뜻으로 어떤 여건상 허용할 수 있음을 나타내며, 이에 대한 긍정적 대답은 간단하게 '行/可以 xíng/kěyǐ 된다'로, 부정적 대답은 '不行/不可以 bù xíng/bù kěyǐ 안 된다.'로 하면 된다. 혹은 부탁한 일에 대해 어떻게 할 것인지 구체적으로 대답해도 된다. 그리고 여기서 '点儿 diǎnr'은 긍정적 형용사 뒤에 쓰여 '…좀 해 주세요'란 뜻으로 부드러운 명령을 나타낸다.

3 ……多少钱?　……얼마입니까?

Zhè jiàn yīfu duōshao qián?
这 件 衣服 多少 钱?

Zhè jiàn yīfu yìqiān sānbǎi kuài.
这 件 衣服 一千 三百 块。

Zhè liàng qìchē duōshao qián?
这 辆 汽车 多少 钱?

Zhè liàng qìchē èrshísì wàn.
这 辆 汽车 二十四 万。

▶ 이 옷은 얼마입니까? | 이 옷은 1300위안입니다. | 이 자동차는 얼마입니까? | 이 자동차는 24만 위안입니다.

중국어에서 동사와 형용사만 술어가 될 수 있는 것이 아니라 명사나 수량도 술어가 될 수 있다. 주로 날짜, 요일, 시간, 가격 등을 나타낼 때 쓰인다. 따라서 '这件衣服多少钱? 이 옷은 얼마입니까?'에서 가격을 나타내는 '多少钱'이 술어가 될 수 있기 때문에 문장에 '是'가 들어가면 안 된다. 그리고 '这'와 '那' 뒤에는 반드시 양사가 와야 한다. 예를 들면, '이 옷'은 '这件衣服'로, '저 자동차'는 '那辆汽车'라고 해야 한다.

4

……的话，……이면

'…的话 …dehuà'은 '…이면'란 뜻으로 가정을 나타내는데, 앞절은 조건이고, 뒷절은 앞의 조건하
의 결과이다.

> Nín yòng xiànjīn dehuà,　kěyǐ　gěi　nǐ　dǎ　jiǔ zhé.
> 您 用 现金 的话，可以 给 你 打 九 折。현금을 쓰시면 10%할인
> 　　　조건　　　　　　　　　결과　　　　　　해 드릴 수 있습니다.

참고로 '…的话 …dehuà'은 '如果…的话 rúguǒ…dehuà'로도 쓰이며, 뜻은 같다.

5

块와 元

구어	块 kuài 위안,	毛 máo 10전,	分 fēn 전
문어	元 yuán 위안,	角 jiǎo 10전,	分 fēn 전

중국의 화폐단위는 위의 표에서 언급 것과 같이 문어와 구어에서 사용하는 표현이 다르다.

중국음식문화

다양한 맛과 향이 공존하고 있는 중국음식은 세계 최고의 수준을 자랑하고 있다. 예로부터 중국인들은 단순히 맛있는 음식을 먹는 것을 넘어 의식동원(医食同源, 의약과 음식은 본래 그 뿌리가 하나다) 즉, 일상에서 음식으로 몸을 보신하고 병을 예방, 치료하여 장수하는 데 초점을 두었다.

중국음식의 특징

① 재료 선택이 자유롭고 광범위하다.

중국의 음식문화는 중국의 지리환경 및 역사, 여러 민족 등의 각종 요소와 불가분의 관계에 있다. 그로 인해 다양한 식물과 동물이 재료로 사용되고 있는데, 오리를 재료로 하는 요리만 해도 50여 가지가 될 정도이다.

② 맛이 다양하고 풍부하다.

중국인들은 단맛, 짠맛, 신맛, 매운맛, 쓴맛의 다섯 가지 맛 외에 향과 냄새를 미묘하게 배합한 요리를 만든다.

③ 조미료와 향신료의 종류가 풍부하다.

재료 특유의 잡내를 제거해주거나 감칠맛을 더해주는 향신료와 조미료의 종류가 500여 종에 이른다.

④ 조리법이 다양하다.

조리법은 굉장히 다양하여 용어만 해도 100여 개가 넘는다. 일반적으로 많이 사용하는 조리법은 국 요리, 기름에 튀기는 법, 기름에 볶는 법, 팬에 약간의 기름을 두른 후 지지는 법, 직접 불에 굽는 법, 약한 불에 국물을 넣고 오랜 시간 쪄내는 법, 훈제하는 법 등이 있다.

⑤ 불의 세기가 중요하다.

중국요리는 불의 세기와 볶는 시간에 그 요리의 성패가 달려 있다고 할 만큼 불의 세기가 중요하다. 불의 성질에 따라 중화(中火), 소화(小火), 미화(微火), 비화(飛火), 왕화(旺火), 맹화(猛火) 등으로 나눈다.

말하기 연습

1 '点儿'이 '조금'이라는 뜻으로 적은 양을 나타내는 회화를 연습해보세요.

> **[보기]**
>
> **A:** 你 想 买 点儿 什么?　무엇을 사려고 하십니까?
>
> **B:** 我 想 买 一 件 衬衫。　와이셔츠를 하나 사려고 합니다.

A: 你　想　吃　点儿　什么?

B: ________________________。

A: ________________________?

B: 我　要　一　杯　橙汁儿。

2 '点儿'이 '…좀 하세요'란 뜻으로 부드러운 명령을 나타내는 표현을 연습해보세요.

> **[보기]**
>
> 认真 rènzhēn → 认真 点儿
>
> 진지하다 → 좀 진지하세요.

小心 xiǎoxīn 조심하다 →

安静 ānjìng 조용하다 →

热情 rèqíng 친절하다 →

冷静 lěngjìng 냉정하다 →

快 kuài 빠르다 →

慢 màn 느리다 →

3 '多少钱? 얼마입니까?'를 이용한 회화를 연습해보세요.

> 보 기
>
> **A:** 这 条 裤子 多少钱?　이 바지는 얼마입니까?
> **B:** 八 块 四 毛。　8위안 40전입니다.

裙子 qúnzi　9.8元

书 shū　23元

杯子 bēizi　0.35元

鞋 xié　17.85元

4 '…的话, …이면'을 이용한 회화를 연습해보세요.

> 보 기
>
> 
>
> 坐 地铁 的话，　二十 分钟　就 能 到。
> 지하철을 타면 20분이면 도착합니다.

明天 下雨(비가 오다)__________，
就 不 能 踢 足球 了。

想 结婚 的话，就__________吧。

그림 보고 말하기

1 회화

màozi
帽子
모자
12元

kùzi
裤子
바지
24元

shuǐguǒ
水果
과일
10元 → 8元

shūcài
蔬菜
야채
10元 → 7元

A: 一 条 裤子 多少钱?

B: ＿＿＿＿＿＿＿＿＿＿＿＿＿＿＿＿＿。

A: 一 顶 帽子 多少钱?

B: ＿＿＿＿＿＿＿＿＿＿＿＿＿＿＿＿＿。

A: 水果 打 几 折?

B: ＿＿＿＿＿＿＿＿＿＿＿＿＿＿＿＿＿。

A: 蔬菜 打 几 折?

B: ＿＿＿＿＿＿＿＿＿＿＿＿＿＿＿＿＿。

2 서술하기

一条裤子24块钱，一顶帽子12块钱，水果打八折，蔬菜打七折。

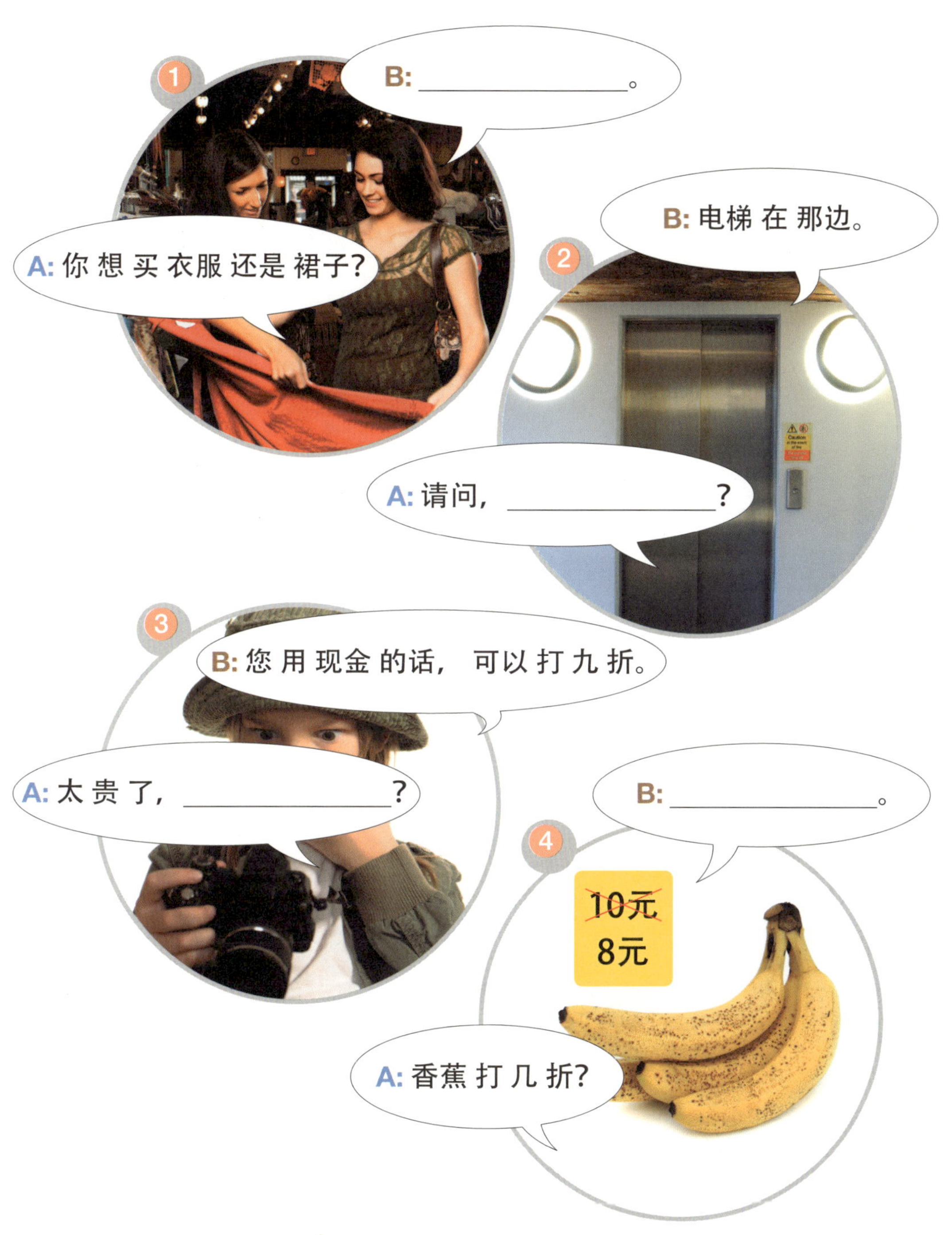

B: ＿＿＿＿＿＿＿＿＿。
A: 你 想 买 衣服 还是 裙子？
B: 电梯 在 那边。
A: 请问，＿＿＿＿＿＿＿＿？
B: 您 用 现金 的话，可以 打 九 折。
A: 太 贵 了，＿＿＿＿＿＿＿？
B: ＿＿＿＿＿＿＿＿。
10元
8元
A: 香蕉 打 几 折？

쓰기에 도전하기

1 보기의 단어로 빈칸을 채운 다음 해석해 보세요.

> **보기**
>
> 件，电梯，颜色，只有，用

1) 真对不起，__________黑色的。

　해석→

2) 没关系，你__________我的电脑吧。

　해석→

3) 这__________衣服真漂亮，你买吧。

　해석→

4) 男士衬衫在七楼，我们坐__________吧。

　해석→

5) 我不喜欢这种__________。

　해석→

2 '一点儿'의 두 가지 뜻 즉 '조금'과 '…하세요'로 문장을 만들어 보세요.

> **보기**
>
> '一点儿 조금' ☞ 你想喝点儿什么？　'一点儿 …하세요' ☞ 快点儿。

1) '一点儿 조금' ________________________________。

2) '一点儿 …하세요' ________________________________。

你会游泳吗？

기초 회화

Nǐ huì yóuyǒng ma?
明明: 你 会 游泳 吗?

Wǒ bú huì yóuyǒng.
龙龙: 我 不 会 游泳。

Nà nǐ huì dǎ bàngqiú ma?
明明: 那 你 会 打 棒球 吗?

Wǒ huì dǎ bàngqiú, érqiě fēicháng xǐhuan.
龙龙: 我 会 打 棒球, 而且 非常 喜欢。

Shì ma? Nà nǐ xiǎng bu xiǎng cānjiā wǒmen de bàngqiú jùlèbù?
明明: 是 吗? 那 你 想 不 想 参加 我们 的 棒球 俱乐部?

Shì shénmeyàng de bàngqiú jùlèbù?
龙龙: 是 什么样 的 棒球 俱乐部?

Dōu shì shàngbānzú, měi ge zhōumò jùzài yìqǐ dǎ bàngqiú.
明明: 都 是 上班族, 每 个 周末 聚在 一起 打 棒球。

Tài hǎo le! Zhèyàng kěyǐ jiāo hěn duō péngyou.
龙龙: 太 好 了! 这样 可以 交 很 多 朋友。

会 huì 조 (배워서) …할 줄 알다
游泳 yóuyǒng 명 동 수영(하다)
打 dǎ 동 (손이나 기구를 이용하여) 치다
棒球 bàngqiú 명 야구
而且 érqiě 접 게다가
参加 cānjiā 동 참가하다
俱乐部 jùlèbù 명 클럽

什么样 shénmeyàng 대 어떠한
上班族 shàngbānzú 명 샐러리맨
每个周末 měi ge zhōumò 주말마다
聚在一起 jùzài yìqǐ 함께 모이다
可以 kěyǐ 조 동 …할 수 있다, 가능하다
交 jiāo 동 사귀다

孩子: 妈妈, 今天 会 不 会 下雨?
Māma, jīntiān huì bu huì xiàyǔ?

妈妈: 我 看 不 会。
Wǒ kàn bú huì.

孩子: 你 听 天气 预报 了 吗?
Nǐ tīng tiānqì yùbào le ma?

妈妈: 没 听, 不过 我 觉得 不 会 下。
Méi tīng, búguò wǒ juéde bú huì xià.

孩子: 那 我 就 不 带 雨伞 了。
Nà wǒ jiù bú dài yǔsǎn le.

妈妈: 如果 下雨 的话, 我 去 学校 接 你。
Rúguǒ xiàyǔ dehuà, wǒ qù xuéxiào jiē nǐ.

孩子: 真的? 妈妈, 我 爱 你。
Zhēnde? Māma, wǒ ài nǐ.

妈妈: 妈妈 也 爱 你。
Māma yě ài nǐ.

会 huì 조 동 …할 가능성이 있다
　　(불확실한 추측을 나타냄)
下雨 xiàyǔ 동 비가 오다
我看 wǒ kàn 내가 보기에는
听 tīng 동 듣다
天气 tiānqì 명 날씨, 일기
预报 yùbào 명 예보
觉得 juéde 동 …라고 여기다

就 jiù …면
不…了 bù…le …하지 않을 것이다
带 dài 동 (몸에) 지니다, 휴대하다
雨伞 yǔsǎn 명 우산
如果…的话 rúguǒ …dehuà 만약…하면
学校 xuéxiào 명 학교
接 jiē 동 마중하다
爱 ài 동 사랑하다

문형 익히기

①

你会…吗? …을 할 줄 압니까?

Nǐ　　huì
你　　会

dǎ bàngqiú
打 棒球
zuòcài
做菜
kāichē
开车

ma?
吗?

▶ 야구를 할 줄 압니까? | 요리할 줄 압니까? | 운전할 줄 압니까?

'会 huì'는 '…할 줄 알다'의 의미로 학습을 통해 어떤 기능에 숙달하게 되었음을 나타낸다. 그리고 '会'는 조동사이기 때문에 다른 동사 앞에 와야 하며, 부정은 '不会…'이다. 예를 들면, '나는 야구를 할 줄 모른다.'에서 동사 '打'를 부정하는 것이 아니라 조동사 '会'를 부정해야 한다. 즉 '我不会打棒球。'로 표현해야 한다.

②

会不会……? ……할 까요?

Jīntiān huì bú huì xiàyǔ?
今天 会 不 会 下雨?
Wǒ kàn bú huì.
我 看 不 会。

Tā huì bú huì lái?
他 会 不 会 来?
Wǒ juéde tā huì lái.
我 觉得 他 会 来。

▶ 오늘 비가 올까? | 내가 볼 때 안 올 것 같다. | 그 사람이 올까? | 내 생각엔 그가 올 것 같다.

앞에서 언급한 바와 같이 '会'는 '…할 줄 알다'란 뜻이 있다. 그리고 '会'는 '…할 가능성이 있다'란 뜻으로 불확실한 추측을 나타내기도 한다.

3

可以…吗?　할 수 있습니까?

Kěyǐ
可以

| zuò dìtiě
坐 地铁
yìqǐ
一起
shàngwǎng
上网 | qù
去
zhù
住
liáotiānr
聊天儿 |

ma?
吗?

▶ 지하철을 타고 갈 수 있어? | 같이 살 수 있어? | 인터넷에 접속하여 채팅할 수 있어?

여기서 '可以 kěyǐ'는 '할 수 있다, 가능하다'란 뜻으로 어떤 일을 할 수 있는 능력을 나타내는 것이 아니라 어떤 일의 실현 가능성을 나타낸다.

말하기 연습

1 '会'가 '…할 줄 알라'라는 뜻을 나타내는 회화를 연습해보세요.

보기

A: 你　会　游泳　吗?　수영할 줄 알아?
B: 我　不　会　游泳。　난 수영할 줄 몰라.

A: 那你　会　什么?　그럼 너 무엇을 할 줄 알아?
B: 我　会　踢　足球。　난 축구를 할 줄 알아.

dǎ lánqiú → dǎ wǎngqiú
打　篮球　→　打　网球
농구를 하다　→　테니스를 치다

tán gāngqín → tán jítā
弹　钢琴　→　弹 吉他
피아노를 치다　→　기타를 치다

2 '会'가 '…할 가능성이 있다'란 뜻을 나타내는 회화를 연습해보세요.

보기

A: 妈妈　会　同意　吗?　엄마가 동의할까?
B: 我　觉得　妈妈　不　会　同意。
내 생각엔 엄마가 동의하지 않을 걸 같다.

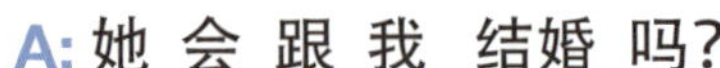

A: 她 会 跟 我　结婚　吗?
B: 我 觉得＿＿＿＿＿＿＿＿＿＿＿。

A: ＿＿＿＿＿＿＿＿＿＿＿＿?
B: 我　觉得　他　不　会　来。。

3 '可以…吗? …이 가능합니까?'를 이용한 회화를 연습해보세요.

A: 可以 坐 地铁 去 吗?　지하철을 타고 갈 수 있습니까?

B: 真 不好意思, 这里 没 有 地铁。
정말 미안한데요, 이곳은 지하철이 없습니다.

dǎ diànhuà
打 电话
전화하다

A: 在 房间 里 ______________?

B: 真 不好意思, 房间 里 没 有 电话。

fā chuánzhēn
发 传真
팩스를 보내다

A: 在 这里 可以 发 传真 吗?

B: 真 不好意思, ______________。

4 '可以…吗? …해도 됩니까?'를 이용한 회화를 연습해보세요.

A: 我 可以 走 吗?　가도 됩니까?

B: 当然 可以。　당연하죠.

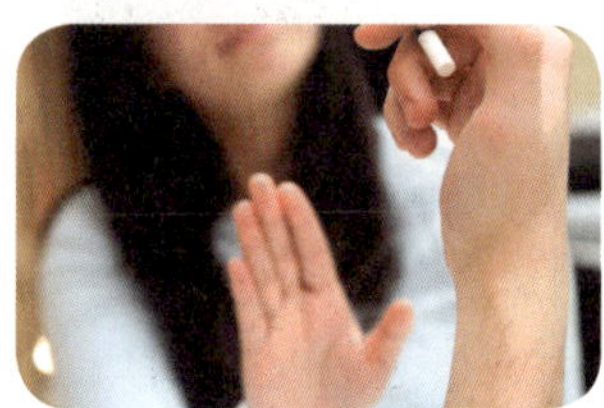

chōuyān
抽烟　담배를 피우다

qù yíxià xǐshǒujiān
去 一下　洗手间 화장실에 가나

그림 보고 말하기

회화에 도전하기

1 2인 1조로 아래의 문답 연습을 하는데, 처음에는 두 사람 모두 책을 보고 하고, 두 번째는 질문 하는 사람만 책을 보고 해보세요.

A: 你是上班族还是学生?

B: ＿＿＿＿＿＿＿＿＿＿＿＿＿＿＿＿＿＿＿＿＿＿。

A: 你喜欢什么样的运动?

B: ＿＿＿＿＿＿＿＿＿＿＿＿＿＿＿＿＿＿＿＿＿＿。

A: 你会打网球吗?

B: ＿＿＿＿＿＿＿＿＿＿＿＿＿＿＿＿＿＿＿＿＿＿。

2 제시된 단어로 아래의 문장을 완성한 다음 짝꿍과 대화를 해보세요.

1) 你＿＿＿＿＿＿＿＿＿＿＿＿＿? (会…吗?)

2) 我＿＿＿＿＿＿＿＿＿＿＿＿＿。 (觉得)

3) 我＿＿＿＿＿＿＿＿＿＿＿＿? (可以…吗?)

4) 你喜欢＿＿＿＿＿＿＿＿＿＿＿＿? （什么样的…? ）

5) 真对不起, ＿＿＿＿＿＿＿＿＿＿＿＿。 （不…了）

6) 如果你＿＿＿＿＿＿＿＿＿＿＿＿。 （…的话）

쓰기에 도전하기 

1 보기의 단어로 빈칸을 채운 다음 해석해 보세요.

> **보기**
>
> 觉得, 什么样的, 接, 带

1) 你________这件衣服怎么样?

　　해석→

2) 你喜欢交________朋友?

　　해석→

3) 我爱人每天下班以后都来________我。

　　해석→

4) 真对不起, 我没________钱包(qiánbāo, 지갑)。

　　해석→

2 '会'의 두 가지 뜻 즉 '할 줄 알다'와 '…할 가능성이 있다'로 문장을 만들어 보세요.

> **보기**
>
> '会 할 줄 알다'　☞　**A:** 你会做饭吗?
> 　　　　　　　　　　**B:** 我不会做饭。
>
> '会 …할 가능성이 있다'　☞　**A:** 她会给我打电话吗?
> 　　　　　　　　　　　　　　**B:** 我觉得她不会给你打电话。

1) '会 할 줄 알다'

　　A: ________________________?

　　B: ________________________。

2) '会 …할 가능성이 있다'

　　A: ________________________?

　　B: ________________________。

妈妈在做什么？

기초 회화 

姐姐: Māma zài jiā ma?
妈妈 在 家 吗?

妹妹: Zài jiā.
在 家。

姐姐: Māma zài zuò shénme?
妈妈 在 做 什么?

妹妹: Māma zài chúfáng zuòfàn ne.
妈妈 在 厨房 做饭 呢。

姐姐: Nǎinai zài zuò shénme?
奶奶 在 做 什么?

妹妹: Nǎinai zài kàn diànshì.
奶奶 在 看 电视。

姐姐: Bàba ne?
爸爸 呢?

妹妹: Bàba hái méi huílái.
爸爸 还 没 回来。

在 zài 🖳 '在 + 동사'의 형식으로 동작의 진행을 나타냄, 지금 …하고 있다
呢 ne 🖾 서술문 뒤에 쓰여 동작의 진행을 나타낸다
厨房 chúfáng 🖲 주방
做饭 zuòfàn 🖳 밥을 하다
还 hái 🖳 아직
回来 huílái 🖳 돌아오다

老婆: Nǐ xiànzài zài nǎr?
你 现在 在 哪儿?

老公: Wǒ zài tǐyùguǎn.
我 在 体育馆。

老婆: Nǐ zài tǐyùguǎn zuò shénme ne?
你 在 体育馆 做 什么 呢?

老公: Wǒ zhèngzài dǎ yǔmáoqiú ne.
我 正在 打 羽毛球 呢。

老婆: Nà nǐ shénme shíhou huíjiā?
那 你 什么 时候 回家?

老公: Jīntiān wǎnshang wǒ bù huíjiā chīfàn le.
今天 晚上 我 不 回家 吃饭 了。

老婆: Wèishénme?
为什么?

老公: Wǒ xiǎng gēn péngyoumen yìqǐ qù chī kǎoròu.
我 想 跟 朋友们 一起 去 吃 烤肉。

老婆: Zhīdào le, bié tài wǎn le.
知道 了, 别 太 晚 了。

体育馆 tǐyùguǎn 체육관

正在 zhèngzài 툄 동사 앞에 쓰여 동작의 진행을 나타냄

羽毛球 yǔmáoqiú 뗭 배드민턴

什么时候 shénme shíhou 언제

回家 huíjiā 둉 집으로 돌아가다

为什么 wèishénme 툄 왜, 무엇 때문에

烤肉 kǎoròu 뗭 불고기

知道了 zhīdào le 둉 알았다

别…了 bié…le …하지마

晚 wǎn 혱 (규정된 혹은 적합한 시간보다) 늦다

문형 익히기

1

…(正)在做什么? ……무엇을 하고 있습니까?

| Nǐ
你
Bàba
爸爸 | zài
在 | zuò
做 | shénme?
什么? |

▶ 당신은 무엇을 하고 있습니까? | 아버님은 무엇을 하고 있습니까?

부사 '在 zài'는 동사 앞에 쓰여 '…하고 있다'의 의미로 동작의 진행을 나타내며, 문장 끝에 '呢'를 붙여도 뜻은 같다. 그리고 '在' 앞에 '正'를 붙여도 동작의 진행을 나타낸다. 즉 '(正)在+동사……呢'의 형식으로 어떤 동작이 진행 중이라는 것을 나타낸다.

2

呢의 여러가지 뜻

단어	뜻	예문
ne 呢	'呢'가 서술문의 맨 끝에 쓰여 동작의 진행을 나타낼 수 있다.	Háizi shuìjiào ne. 孩子 睡觉 呢。 아이가 자고 있다. Bàba zài kàn diànshì ne. 爸爸 在看 电视 呢。 아빠는 텔레비전을 보고 있다.
	사람이나 물건을 찾을 때 '명사/사람+呢'의 형식으로 '…은 어디에 있습니까?'라는 뜻을 나타낸다.	Wǒ de qìchē yàoshi ne? 我 的 汽车 钥匙 呢? 내 자동차키는? Māma ne? 妈妈 呢? 엄마는?
	대화할 때 같은 질문을 다른 사람에게 할 때 간단하게 '인칭대명사+呢'의 형식으로 '…은요?'의 의미를 나타낸다.	Wǒ míngtiān huí Shànghǎi, nǐ ne? 我 明天 回 上海，你 呢? 난 내일 상하이에 돌아가거든, 너는? Wǒ xiǎng qù Měiguó lǚyóu, nǐ ne? 我 想 去 美国 旅游，你 呢? 난 미국에 여행하러 가는데, 너는?

在

단어	뜻	예문
zài **在**	전치사 '在'는 '…에서'의 의미로 뒤에 장소를 나타내는 명사가 온다.	Tā zài yínháng gōngzuò. **他 在 银行 工作。** 그는 은행에서 근무한다.
	동사 '在'는 '사람이나 사물이 어떤 장소에 있다'의 의미로 역시 뒤에 장소를 나타내는 명사 나타낸다.	Māma zài chúfáng. **妈妈 在 厨房。** 엄마는 주방에 있다.
	부사 '在'는 동사 앞에 와서 동작의 진행을 나타낸다.	Wǒ zài hē kāfēi. **我 在 喝 咖啡。** 나는 커피를 마시고 있다.

你什么时候…? 당신은 언제…?

Nǐ
你

Wǒmen
我们

shénme shíhou
什么 时候

qù Zhōngguó?
去 中国?

kǎoshì?
考试?

▶ 당신은 언제 중국에 가십니까? | 우리 언제 시험을 칩니까?

'什么时候 shénme shíhou'는 '언제'란 뜻으로 몇 월 며칠을 가리킬 수도 있고, 몇 시도 가리킬 수 있다. 그리고 '什么时候'는 시간을 나타내기 때문에 주어 뒤 동사 앞에 위치해야 한다.

① '(正)在'가 '…하고 있다'라는 뜻을 나타내는 회화를 연습해보세요.

보기

A: 你 在 做 什么?　　무엇을 하고 있습니까?
B: 我 在 吃饭。　　식사를 하고 있습니다.

diàoyú
钓鱼 낚시하다

huábīng
滑冰
스케이트를 타다

dǎsǎo fángjiān
打扫 房间
방청소를 하다

mǎi dōngxi
买 东西
쇼핑하다

② '呢'가 '…은요?'란 뜻을 나타내는 회화를 연습해보세요.

보기

A: 爸爸 呢?　　아빠는 어디에 있습니까?
B: 爸爸 在 客厅。　　아빠는 거실에 있습니다.

qìchē yàoshi
汽车 钥匙
자동차키

A: 我 的 汽车 钥匙 呢?
B: ________________________。

qiánbāo
钱包 지갑

shāfā
沙发 소파

A: ________________________?
B: 你 的 钱包 在 沙发 上。

3 '什么时候? 언제?'를 이용한 회화를 연습해보세요.

A: 你 什么 时候 去 出差?　언제 출장가십니까?

B: 我 下 星期二 去 出差。　다음 주 화요일 출장갑니다.

6月 25日

bìyè
毕业 졸업하다

11月 9日

kǎoshì
考试 시험을 보다

4 '为什么不? 왜…하지 않는가?'를 이용한 회화를 연습해보세요.

A: 你 为什么 不 回家 吃饭?
너 왜 집에 와서 밥을 먹지 않는 거야?

B: 我 想 跟 朋友 一起 去 吃烤肉。
친구와 함께 불고기 먹으러 가려고.

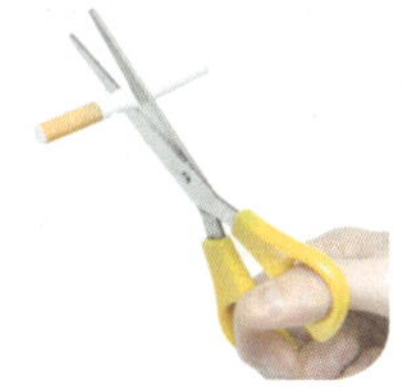

jièyān
戒烟
담배를 끊다

yòu'éryuán
幼儿园
유치원

A: ＿＿＿＿＿＿＿＿＿＿＿＿?

B: 我 也 想 戒烟, 不过 难 啊!

A: 你 为什么 不想 去 幼儿园?

B: ＿＿＿＿＿＿＿＿＿＿＿＿。

그림 보고 말하기

1 회화

A: 妹妹　在　哪儿?

B: _______________________。

A: 妹妹　在　做　什么?

B: _______________________。

A: 弟弟　在　哪儿?

B: _______________________。

A: 弟弟　在　做　什么?

B: _______________________。

2 서술하기

妹妹在花店，弟弟在足球场，妹妹在买花，弟弟在踢足球。

1
B: ＿＿＿＿＿＿＿＿＿。
A: 她在商店做什么呢？
B: 今天晚上她不回家吃饭。
2
A: ＿＿＿＿＿＿＿＿？
3
B: 我们大概九点出发。
A: ＿＿＿＿＿＿＿＿？
B: ＿＿＿＿＿＿＿＿。
4
A: 他在做什么？

회화에 도전하기

1 2인 1조로 아래의 문답 연습을 하는데, 처음에는 두 사람 모두 책을 보고 하고, 두 번째는 질문하는 사람만 책을 보고 해보세요.

A: 你现在在哪儿?

B: ____。

A: 你在做什么呢?

B: ____。

A: 今天晚上你回家吃饭吗?

B: ____。

2 주어진 단어로 문장을 만들어 보세요..

1) 觉得　我　会　不　今天　下雨

2) 每天　体育馆　打篮球　去　我

3) 他　回来　还　没

4) 想　跟　我　朋友　去　一起　旅游(lǚyóu, 여행하다)

5) 正在　我妈妈　羽毛球　打　呢

6) 百货商店　在　东西　我　买　呢

昨天晚上你做什么了?

기초 회화 

Zuótiān wǎnshang nǐ zuò shénme le?
王明: 昨天　晚上　你 做 什么 了?

Wǒ gēn péngyou hējiǔ le.
李光: 我 跟 朋友 喝酒 了。

Jīntiān wǎnshang nǐ dǎsuan zuò shénme?
王明: 今天　晚上　你 打算 做 什么?

Jīntiān wǎnshang wǒ děi jiābān.
李光: 今天　晚上　我 得 加班。

Shì ma? Nà zhè ge zhōumò nǐ yǒu méi yǒu kòngr?
王明: 是 吗? 那 这 个 周末 你 有 没 有 空儿?

Wǒ yǒu kòngr, shénme shìr?
李光: 我 有 空儿, 什么 事儿?

Wǒ yǒu liǎng zhāng miǎnfèi de diànyǐngpiào, xiǎng gēn nǐ
王明: 我 有 两 张 免费 的 电影票, 想 跟 你
yìqǐ qù kàn diànyǐng.
一起 去 看 电影。

Kěyǐ ya.
李光: 可以 呀。

了 le ㊅ 동사 뒤에 쓰여 동작이 완료되었음을 나타냄　　电影 diànyǐng ㊁ 영화

喝酒 hējiǔ ㊇ 술을 마시다　　电影票 diànyǐngpiào ㊁ 영화표

空儿 kòngr ㊁ 시간, 짬

张 zhāng ㊈ 장

免费 miǎnfèi ㊇ 무료로 하다

실전 회화

王刚: Nǐ jiéhūn le ma?
你 结婚 了 吗?

张强: Wǒ hái méi jiéhūn.
我 还 没 结婚。

王刚: Nà yǒu méi yǒu nǚpéngyou a?
那 有 没 有 女朋友 啊?

张强: Méi yǒu, liǎng ge yuè yǐqián wǒ gēn nǚpéngyou fēnshǒu le.
没 有, 两 个 月 以前 我 跟 女朋友 分手 了。

王刚: Shì ma? Yīnwèi shénme a?
是 吗? 因为 什么 啊?

张强: Wǒ yě shuō bu qīngchu, wǒmen liǎ zǒngshì yīnwèi hěn xiǎo de
我 也 说 不 清楚, 我们 俩 总是 因为 很 小 的
shìqing chǎojià.
事情 吵架。

王刚: Xiànzài nǐ xiǎng bu xiǎng tā?
现在 你 想 不 想 她?

张强: Yǒushíhòu hěn xiǎng tā, búguò tīngshuō tā yǐjīng yǒu nánpéngyou le.
有时候 很 想 她, 不过 听说 她 已经 有 男朋友 了。

以前 yǐqián ⑲ 과거, 이전

分手 fēnshǒu ⑧ (남녀가) 헤어지다

因为 yīnwèi ㉭ …때문에

说不清楚 shuō bu qīngchu 설명하기 어렵다

俩 liǎ ㉰ 두 사람

总是 zǒngshì ⑨ 늘, 줄곧

事情 shìqing ⑲ 일, 사건

吵架 chǎojià ⑧ 말다툼하다, 다투다

有时候 yǒushíhòu ⑨ 때로(는), 간혹

听说 tīngshuō ⑧ 듣건대, 들은 바로는

已经 yǐjīng ⑨ 이미, 벌써

有 了 yǒu…le 생겼다 [발생 출현을 나타냄]

문형 익히기

❶

…了吗？ …하셨습니까?

| Tā
他
Nǐ
你
Nǐ mèimei
你 妹妹 | jiéhūn
结婚
hējiǔ
喝酒
bìyè
毕业 | le
了 | ma?
吗？ |

▶ 그는 결혼하셨습니까? | 술을 드셨습니까? | 당신의 여동생은 졸업했습니까?

조사 '了 le'는 동작이나 행위를 나타내는 동사가 술어 되는 문장의 맨 끝에 쓰여 동작이 완료되었음을 나타낸다. 예를 들면 '먹다'는 '吃'로, '먹었다'는 '吃了'로 표현한다. 그런데 '是, 有, 会, 可이, 能' 등 동사는 동작이나 행위를 나타내지 않기 때문에 '了'를 붙여 '…했다'라는 표현을 할 수 없다. '예전에 나는 선생님이었다.'라는 표현은 '以前我是老师.' 라고 하고, '예전에 나는 운동을 좋아 했었다.'라는 표현은 '以前我喜欢运动.'이라고 한다.

❷

我还没结婚。 저는 아직 결혼하지 않았습니다.

| Wǒ
我
Tā
他 | hái
还 | méi
没 | xiàbān.
下班。
dào.
到。 |

▶ 난 아직 퇴근 하지 않았다. | 그는 아직 도착하지 않았다.

동작의 완료를 나타내는 '了'의 부정은 동사 앞에 '没'를 붙이고, '了'는 빼야 한다. 즉

'了'의 의문형	'了'의 긍정형	'了'의 부정형
Nǐ jiéhūn le ma? 你 结婚 了 吗？	Wǒ jiéhūn le. 我 结婚 了。	Wǒ méi jiéhūn. 我 没 结婚。

有…了。 …이 생겼다.

| Wǒ
我
Gēge
哥哥 | yǒu
有 | háizi
孩子
nǚpéngyou
女朋友 | le.
了。 |

▶ 나는 아이가 생겼다. | 형(오빠)은 여자 친구가 생겼다.

조사 '了 le'는 동작 · 행위를 나타내는 동사를 제외한 '是, 有, 会, 可以, 能' 등 동사 혹은 '冷, 热, 红, 黑, 胖' 등 형용사가 술어가 되는 문장의 맨 끝에 쓰여 변화를 나타낸다. 예를 들면 '我的孩子能走路了.'는 '우리 아이는 걸을 수 있다.' 즉 '원래는 걸을 수 없었는데, 지금은 걸을 수 있다'란 뜻으로 변화를 나타내는 것이다.

4

不와 没의 비교

단어	부정 부사	예문
是	不+是	Wǒ bú shì lǎoshī. 我 不 是 老师。 나는 선생님이 아니다.
在	不+在	Tā bú zài jiā. 他 不 在 家。 그는 집에 없다.
조동사	不+조동사	Wǒ bú huì shuō Yīngyǔ. 我 不 会 说 英语。 나는 영어를 할 줄 모른다.
형용사	不+형용사	Jīntiān bù lěng. 今天 不 冷。 오늘은 춥지 않다.
有	没+有	Wǒ méi yǒu qìchē. 我 没 有 汽车。 나는 장동차가 없다.
동사	不+동사 현재 및 미래에 대한 부정	Wǒ bù chī zǎofàn. 我 不 吃 早饭。 나는 아침을 먹지 않는다.
	没+동사 과거에 대한 부정	Wǒ méi hējiǔ. 我 没 喝酒。 나는 술을 마시지 않았다.

중국어의 부정은 술어의 종류에 따라 다르기 때문에 유의하실 바란다.

말하기 연습

1 '…了吗？'가 '…했습니까?'의 질문에 긍정 혹은 부정으로 대답해 보세요.

> 보기
>
> **A:** 你 喝 咖啡 了 吗？　커피 마셨어?
>
> **B:** 我 喝 咖啡 了。/我 没 喝 咖啡。
> 커피 마셨어. / 커피 안 마셨어.

A: 你 吃饭 了 吗？

B: ＿＿＿＿＿＿＿＿＿＿＿＿＿＿。

A: ＿＿＿＿＿＿＿＿＿＿＿＿＿？

B: 我 没 喝酒。

A: 你 到 家 了 吗？

B: ＿＿＿＿＿＿＿＿＿＿＿＿＿＿。

A: ＿＿＿＿＿＿＿＿＿＿＿＿＿？

B: 我 给 妈妈 打 电话 了。

A: ＿＿＿＿＿＿＿＿＿＿＿＿＿？

B: 爸爸 还 没 下班。

A: 你 买 牛奶 了 吗？

B: ＿＿＿＿＿＿＿＿＿＿＿＿＿＿。

2 '做什么？무엇을 할 것입니까?', '在做什么？무엇을 하고 있습니까?', '做什么了？무엇을 하셨습니까?'를 이용한 회화를 연습해보세요.

보기

A: 昨晚 你 做 什么 了？ 어제 저녁에 뭐 했어?

B: 昨晚 我 在 家 里 看 电视 了。
어제 저녁에 집에서 TV를 봤어.

A: 明天 晚上 她 做 什么？

B: ＿＿＿＿＿＿＿＿＿＿＿。

A: ＿＿＿＿＿＿＿＿＿＿＿？

B: 上个 周末 我 去 登山 了。

A: 他 在 做 什么？

B: ＿＿＿＿＿＿＿＿＿＿＿。

A: ＿＿＿＿＿＿＿＿＿＿＿？

B: 今晚 他 跟 朋友 去 喝酒。

A: 周末 你 一般 做 什么？

B: ＿＿＿＿＿＿＿＿＿＿＿。

A: ＿＿＿＿＿＿＿＿＿＿＿？

B: 我 在 做饭。

그림 보고 말하기

1　회화

A: 上个 星期六 小明 做 什么 了?

B: ______________________________。

A: 这个 星期六 小明 打算 做 什么?

B: ______________________________。

A: 爷爷 在 做 什么?

B: ______________________________。

A: 奶奶 在 做 什么?

B: ______________________________。

2　서술하기

上个星期六小明跟他的朋友去登山了，这个星期六小明打算去书店买书。爷爷在看书，奶奶在洗水果。

B: ___________。
A: 今晚 你 有 没 有 空儿?
B: ___________。
A: 他 跟 谁 吵架 了?
B: ___________。
A: 听说 他 跟 他 女朋友 分手 了。
B: 我 要 两 张 电影票。
A: ___________。

회화에 도전하기

1 2인 1조로 아래의 문답 연습을 하는데, 처음에는 두 사람 모두 책을 보고 하고, 두 번째는 질문하는 사람만 책을 보고 해보세요.

A: 昨天晚上你喝酒了吗？

B: ____ 。

A: 你爸爸跟你妈妈吵架吗？

B: ____ 。

A: 你经常给你妈妈打电话吗？

B: ____ 。

2 아래의 질문에 부정으로 대답해 해보세요.

1) 你家有打印机吗？

2) 你喜欢一个人去旅游吗？

3) 你会打网球吗？

4) 你是公司职员吗？

5) 明天你能来吗？

6) 我可以坐这儿吗？

쓰기에 도전하기

1 보기의 단어로 빈칸을 채운 다음 해석해 보세요.

> **보기**
>
> 还没, 已经, 事情, 晚, 听说

1) 你找我有什么__________?

　해석→

2) 我妹妹__________结婚了, 有两个孩子。

　해석→

3) 我__________吃, 不过我不太饿。

　해석→

4) __________他爱人是中国人。

　해석→

5) 八点出发太__________了, 七点出发吧。

　해석→

2 '了'의 두 가지 뜻 즉 '…했다'와 '변화'의 의미로 쓰인 문장을 만들어 보세요.

> **보기**
>
> '了 …했다' ☞　**A:** 外边下雨了吗?
> 　　　　　　　**B:** 外边没下雨。
> '有 … 了 …이 생겼다' ☞　我有汽车了。

1) '了 …했다'　**A:** __________________?

　　　　　　　B: __________________。

2) '有 … 了 …이 생겼다' __________________。

중국다도

중국 사람들이 차를 즐겨 마시는 만큼 다
도 또한 많이 발달해 있다. 다도에는 색,
향, 맛, 형, 수, 다기, 시, 온도, 우려내기,
예절 등 10가지 요령이 있어 다도를 한마
디로 차를 마시는 예술이라 일컫는다.

우선 차의 품질은 색깔, 향, 형태, 맛 등 4가지에 의해 구분한다. 차의 선택도 중요
하지만 차 맛을 살리는 데는 수질, 즉 어떤 물로 차를 우려내느냐 또한 중요하다.
수질로 따지면 물론 약수가 일품이고 빗물, 눈 녹은 물이 다음이고 강물, 수돗물
등은 그 다음이다. 그리고 차를 마시는 데는 찻잔, 주전자, 쟁반 등 세트로 된 다기
가 필요하다. 여기에 차를 우려내는 기술이 굉장히 중요하게 작용한다. 감람나무
씨나 숯으로 끓인 물로 우리는 것을 최고로 친다. 그리고 녹차는 발효하지 않은 차
이기 때문에 펄펄 끓는 물보다는 80~90℃ 정도로 끓인 물에 우려내면 찻잎이 너
무 익거나 무르게 되는 것을 피할 수 있다.

마지막으로 주의할 것은 차를 마시는 예
의다. 영국의 엘리자베스 여왕이 상하이
에 와서 중국차를 마셨던 일을 예로 들
면, 여왕은 상하이의 올드타운 노성황묘
의 호수 한복판에 있는 전통찻집 '후신
팅(湖心亭)'으로 안내되었다.
찻집의 주인은 자줏빛 다기에 용정 명차
를 따라서 여왕에게 차를 맛보도록 했
다. 주인은 연속 세 번 권했는데 이것을
'헌다(献茶)'라고 한다. 헌다는 손님에 대한 존경을 표시하는 것인데 중국 다도의
핵심이기도 하다.

今天比昨天冷多了。

기초 회화

王刚: Jīntiān zhēn lěng a!
今天　真　冷 啊！

李红: Shì a!　Jīntiān bǐ zuótiān hái lěng.
是 啊！今天　比　昨天　还 冷。

王刚: Jīntiān qìwēn duōshao dù?
今天　气温　多少　度？

李红: Língxià shíwǔ dù.
零下　十五　度。

王刚: Tīngshuō míngtiān gèng lěng.
听说　　　明天　更　冷。

李红: Shì ma? Nà míngtiān qìwēn duōshao dù?
是 吗？那　明天　气温 多少　度？

王刚: Hǎoxiàng shì língxià èrshí dù.
好像　　是 零下 二十　度。

李红: Xìnghǎo míngtiān shì xīngqīliù,　kěyǐ zài jiā hǎohāor xiūxi
幸好　　明天　是　星期六，可以 在 家 好好儿 休息
yíxià.
一下。

真…啊 zhēn…a 정말…하다　　　度 dù 양 도

冷 lěng 형 춥다　　　零下 língxià 명 영하

比 bǐ 전 …에 비하여, …보다　　更 gèng 부 더욱, 더

还 hái 부 더　　　幸好 xìnghǎo 부 다행히

气温 qìwēn 명 기온　　　好好儿 hǎohāor 부 푹, 충분히

多少 duōshao 대 얼마　　　休息 xiūxi 동 휴식하다

女儿:
Māma, wǒ yǒu nánpéngyou le.
妈妈，我 有 男朋 了。

妈妈:
Zhēnde? Yǒu méi yǒu zhàopiàn?
真的? 有 没 有 照片?

女儿:
Yǒu, zài wǒ shǒujī li.
有，在 我 手机 里。

妈妈:
Tā gèzi duōgāo?
他 个子 多高?

女儿:
Wǒ yě bú tài qīngchu, búguò bǐ wǒ gāo duō le.
我 也 不 太 清楚，不过 比 我 高 多 了。

妈妈:
Niánlíng ne?
年龄 呢?

女儿:
Tā bǐ wǒ xiǎo liǎng suì.
他 比 我 小 两 岁。

妈妈:
Nà zěnme xíng?
那 怎么 行?

女儿:
Wèishénme bù xíng? Tā xǐhuan wǒ, wǒ xǐhuan tā,
为什么 不 行? 他 喜欢 我，我 喜欢 他，
zhè shì zuì zhòngyào de.
这 是 最 重要 的。

照片 zhàopiàn 몡 사진
个子 gèzi 몡 (사람의) 키
高 gāo 혱 (키가) 크다
多高 duōgāo (키가) 얼마나 큰가?
年龄 niánlíng 몡 연령, 나이

岁 suì 몡 살, 세 [연령을 세는 단위]
行 xíng 혱 괜찮다, 좋다
最 zuì 뷔 가장, 제일
重要 zhòngyào 혱 중요하다

문형 익히기 

1

A 比 B (还) + 형용사 비교문　A가 B보다 (더)…하다

Jīntiān 今天 Tā 他	bǐ 比	zuótiān 昨天 wǒ 我	hái 还	lěng. 冷。 pàng. 胖。

▶ 오늘은 어제보다 더 춥다. | 그는 나보다 더 뚱뚱하다.

주의 A 比 B (很/非常) + 형용사

'比 bǐ'는 '…보다'란 뜻으로 두 사물의 성질이나 특징을 비교할 때 사용하며, '…보다 더…하다'란 뜻을 나타낼 때 '还' 또는 '更'를 쓸 수 있으나 '很, 非常, 太'는 쓸 수 없다.

2

A 比 B + 형용사 + 一点儿/多了　A가 B보다 조금/훨씬…하다

Gēge 哥哥 Tā 他	bǐ 比	dìdi 弟弟 wǒ 我	gāo 高 máng 忙	yìdiǎnr. 一点儿。 duō le. 多 了。

▶ 형은 남동생보다 키가 조금 더 크다. | 그는 나보다 훨씬 더 바쁘다.

'…보다 조금 / 훨씬…하다'란 뜻을 나타낼 때 형용사 뒤에 '一点儿'이나 '多了'를 쓴다.

A 比 B + 형용사 + 수량사　A가 B보다 얼마…하다

| Bàba 爸爸 / Wǒ 我 | bǐ 比 | māma 妈妈 / mèimei 妹妹 | dà 大 / gāo 高 | liǎng suì. 两 岁。 / sān límǐ. 三 厘米。 |

▶ 아빠는 엄마보다 2살 더 많다. | 나는 여동생보다 키가 3센티미터 더 크다.

두 사물의 구체적인 차이를 나타낼 때는 형용사 뒤에 구체적인 차이를 나타내는 수치를 쓰면 된다.

A 没有 B + 형용사　A는 B보다 …하지 않다

| Jīntiān 今天 / Tā 他 | méiyǒu 没有 | zuótiān 昨天 / wǒ 我 | lěng. 冷。 / pàng. 胖。 |

▶ 오늘은 어제보다 춥지 않다. | 그는 나보다 뚱뚱하지 않다.

비교문의 부정은 A와 B 사이에 '没有'를 넣으면 된다.

말하기 연습

1 'A 比 B + 형용사, A는 B보다 …하다'의 회화를 연습해보세요.

> **[보기]**
>
> 
>
> **A:** 中国 比 韩国 大 吗?　중국은 한국보다 큽니까?
> **B:** 中国 比 韩国 大。　중국은 한국보다 큽니다.

28岁　32岁

nánde
男的 남자
nǚde
女的 여자

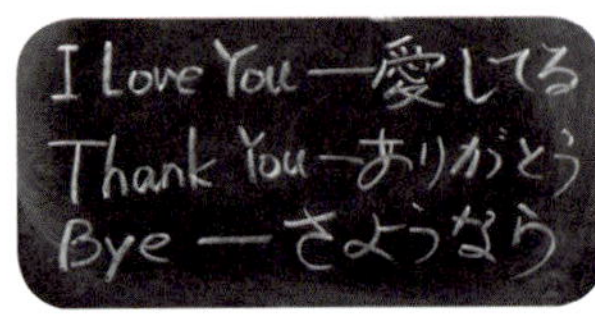

Yīngyǔ
英语 영어
Rìyǔ
日语 일본어

Shǒu'ěr
首尔 서울
Jìzhōudǎo
济州岛 제주도

hóngjiǔ
红酒 와인
píjiǔ
啤酒 맥주

2 'A 比 B + 형용사 + 一点儿 / 多了, A는 B보다 조금/ 훨씬…하다'의 회화를 연습해보세요.

> **[보기]**
>
> 
>
> **A:** 妹妹 比 姐姐 漂亮 吗?　여동생은 언니보다 예쁩니까?
> **B:** 妹妹 比 姐姐 漂亮 多 了。　여동생은 언니보다 훨씬 예쁩니다.

A: 爸爸 比 妈妈 胖 吗?
B: ＿＿＿＿＿＿＿＿＿＿。

9000元

1700元

A: ＿＿＿＿＿＿＿＿＿＿?
B: 电视 比 冰箱 贵 多 了。

3 'A没有B+형용사, A는 B보다 …하지 않다'를 이용한 회화를 연습해보세요.

> **보 기**
>
> 
>
> **A:** 汉拿山 比 雪岳山 高 吗? 한라산은 설악산보다 높습니까?
> **B:** 汉拿山 没有 雪岳山 高。 한라산은 설악산보다 높지 않습니다.

700元　　240000元

4 '你多大/高 ? 당신은 나이/키가 얼마나 되십니까?'를 이용한 회화를 연습해보세요.

> **보 기**
>
> 
>
> **A:** 你今年多大? 당신은 올해 나이가 어떻게 됩니까?
> **B:** 我今年28岁。 저는 올해 28살입니다.

48岁

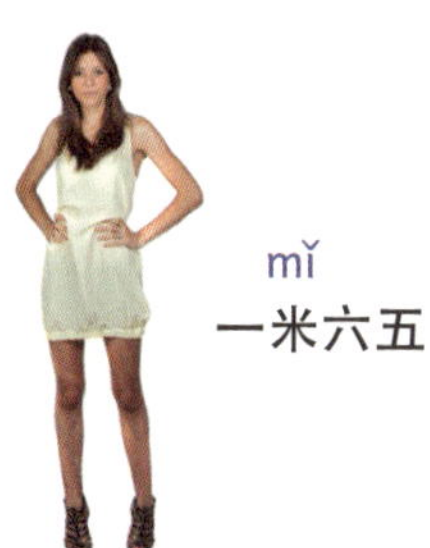

mǐ
一米六五

A: _______________________?
B: 我 爸爸 今年 四十八 岁。

A: 你 妈妈 多 高?
B: _______________________。

그림 보고 말하기

1 회화

A: 爸爸 今年 多 大?

B: _________________________ 。

A: 妈妈 今年 多 大?

B: _________________________ 。

A: 爸爸 比 妈妈 大 几 岁?

B: _________________________ 。

2 서술하기

爸爸今年54岁，妈妈今年52岁，爸爸比妈妈大两岁

3 나의 이야기

____

____

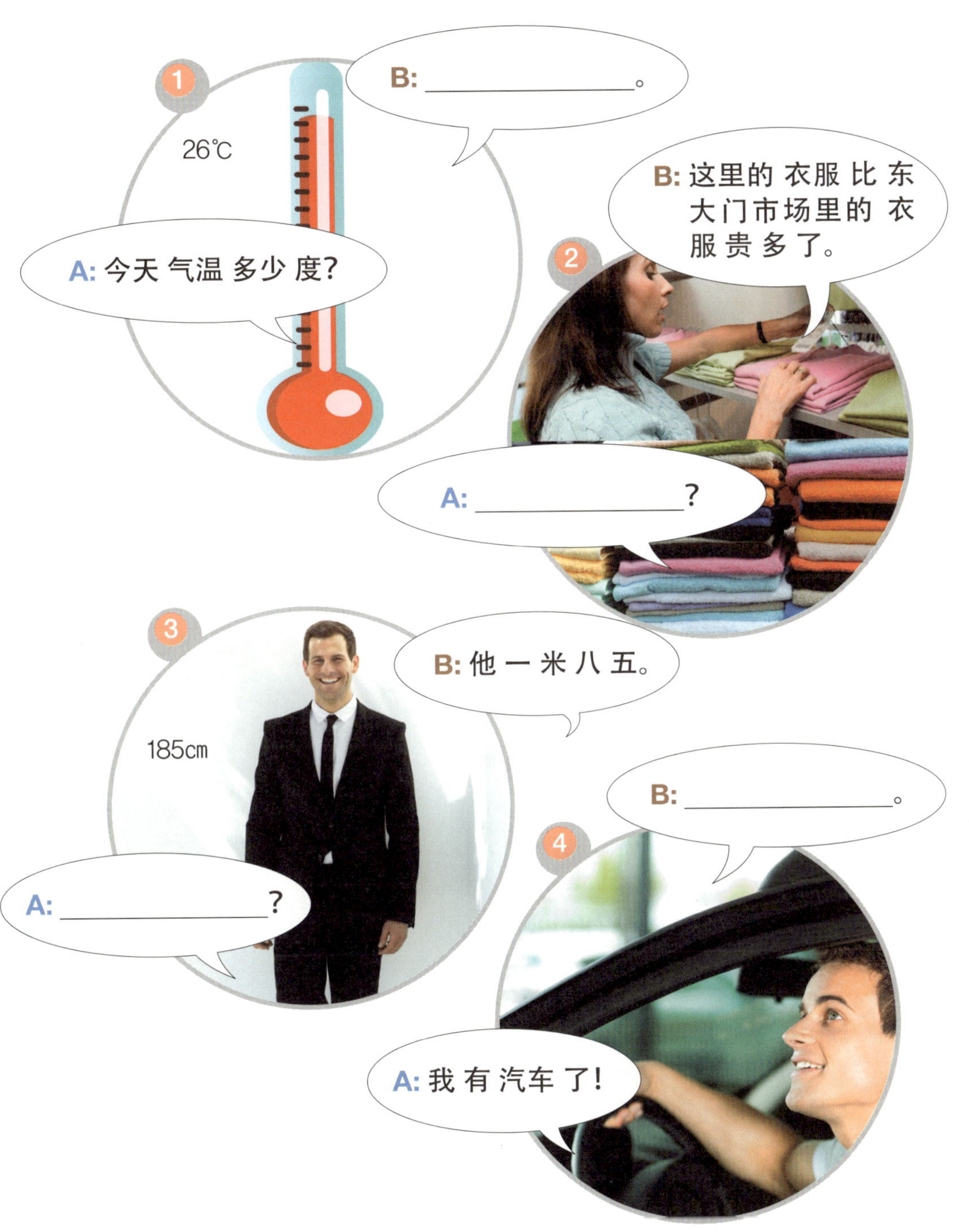
1
26℃
A: 今天 气温 多少 度?
B: ____________________。
2
B: 这里的 衣服 比 东大门市场里的 衣服 贵 多 了。
A: ____________________?
3
185cm
B: 他 一 米 八 五。
A: ____________________?
4
B: ____________________。
A: 我 有 汽车 了!

쓰기에 도전하기

1 보기의 단어로 빈칸을 채운 다음 해석해 보세요.

> **보기**
>
> 照片，更，重要，个子，好好儿

1) 我走了，你＿＿＿＿＿＿休息吧。

　　해석→

2) 你觉得结婚的时候年龄＿＿＿＿＿＿吗？

　　해석→

3) 你有她的＿＿＿＿＿＿吗？

　　해석→

4) 听说明天＿＿＿＿＿＿热。

　　해석→

5) 她＿＿＿＿＿＿不太高，不过非常漂亮。

　　해석→

2 '还'의 두 가지 뜻 즉 '아직'와 '더욱'으로 문장을 만들어 보세요.

> **보기**
>
> '还 아직' ☞　A: 你吃饭了吗？
> 　　　　　　　B: 我还没吃。
> '还 더욱' ☞　A: 今天比昨天热吗？
> 　　　　　　　B: 今天比昨天还热。

1) '还 아직'　A: ＿＿＿＿＿＿＿＿＿＿＿？

　　　　　　　B: ＿＿＿＿＿＿＿＿＿＿＿。

2) '还 더욱'　A: ＿＿＿＿＿＿＿＿＿＿＿？

　　　　　　　B: ＿＿＿＿＿＿＿＿＿＿＿。

你现在能不能出来一下？

老婆: Lǎogōng, nǐ xiànzài néng bu néng chūlai yíxià?
老婆: 老公，你现在 能不能 出来一下?

老公: Bù xíng, xiànzài shì shàngbān shíjiān, bù néng suíbiàn chūqu.
老公: 不行，现在 是 上班 时间，不能 随便 出去。

老婆: Wǒ yǒu huà gēn nǐ shuō.
老婆: 我 有话 跟你 说。

老公: Zài diànhuà li shuō bù xíng ma?
老公: 在 电话 里说 不行 吗?

老婆: Wǒ xiǎng gěi nǐ yí ge jīngxǐ.
老婆: 我 想 给你 一个 惊喜。

老公: Nà yídìng shì hǎoshìr, duì ba?
老公: 那 一定 是 好事儿，对 吧?

老婆: Nà dāngrán, wǒ yǐjīng dào nǐmen gōngsī lóuxià le, nǐ chūlai yíxià.
老婆: 那 当然， 我 已经 到 你们 公司 楼下 了，你 出来 一下。

老公: Hǎode, nǐ zài dàtīng děng wǒ, wǒ mǎshàng jiù xiàqù.
老公: 好的，你 在 大厅 等 我，我 马上 就 下去。

出来 chūlai 동 (안에서 밖으로) 나오다
时间 shíjiān 명 시간
随便 suíbiàn 부 마음대로, 함부로
话 huà 명 말
有话跟…说 yǒu huà gēn…shuō …에게 할 말이 있다
惊喜 jīngxǐ 명 놀람과 기쁨
一定 yídìng 부 반드시, 꼭

好事儿 hǎoshìr 명 좋은 일
当然 dāngrán 형 당연하다, 물론이다
到 dào 동 도착하다
楼下 lóuxià 명 아래층, 아랫집
大厅 dàtīng 명 홀, 로비
马上 mǎshàng 부 곧, 즉시
就 jiù 부 바로

明明: 龙龙，　　快 过来。
Lónglong, kuài guòlai.

龙龙: 怎么 了?
Zěnme le?

明明: 你 看，那 是 什么?
Nǐ kàn, nà shì shénme?

龙龙: 好像　　是　　山洞。
Hǎoxiàng shì shāndòng.

明明: 我们　过去　看看 吧。
Wǒmen guòqu kànkan ba.

龙龙: 时间　太　晚 了，我们 还是 回家 吧。
Shíjiān tài wǎn le, wǒmen háishi huíjiā ba.

明明: 不 会 耽误 太 长　时间，过去 看看 吧。
Bú huì dānwu tài cháng shíjiān, guòqu kànkan ba.

龙龙: 好 吧，那 就 听 你 的。
Hǎo ba, nà jiù tīng nǐ de.

快　kuài 　빨리
过来 guòlai 　다가오다, 건너오다
怎么了 zěnme le 무슨 일이야
山洞 shāndòng 　산굴
过去 guòqu 　건너가다
晚　wǎn 　(규정된 혹은 적합한 시간보다) 늦다
不会 bú huì 　…일 리 없다

耽误 dānwu 　지체하다, 머물다
长 cháng 　(시간이) 길다
太长时间 tài cháng shíjiān 긴 시간
听你的 tīng nǐ de 당신 말대로 하겠습니다

문형 익히기 

1

방향보어

(1) 정의 : '来'와 '去'는 '上, 下, 进, 出, 回, 过, 起' 뒤에 쓰여 동작의 진행 방향을 나타낸다. 두 사람이 같은 방향을 바라보고 있을 때 즉 같이 나란히 서 있을 땐 '去'를 쓰고, 그 반대 방향 즉 얼굴을 마주보고 있거나 같은 장소에 있지 않을 땐 '来'를 쓴다. 이와 같이 동작의 진행 방향에 대해 보충설명해 주는 '来'와 '去'를 단순방향보어라고 한다. 여기서 '来'와 '去'는 경성으로 읽는다.

(2) 자주 쓰는 단순방향보어

	上	下	进	出	回	过	起
来 오다	**上来** 올라오다	**下来** 내려오다	**进来** 들어오다	**出来** 나오다	**回来** 돌아오다	**过来** 건너오다	**起来** 일어나다
去 가다	**上去** 올라가다	**下去** 내려가다	**进去** 들어가다	**出去** 나가다	**回去** 돌아가다	**过去** 건너가다	X

(3) 복합방향보어

'上, 下, 进, 出, 回, 过, 起 + 来/去' 앞에 다른 동사가 오면 복합방향보어라고 한다. 여기서 '来'와 '去'는 경성으로 읽지 않고 원래 성조대로 읽는다.

Wǒmen zǒu shàngqù ba.

我们　走　上去　吧。 우리 걸어서 올라 갑시다.

…不行吗?　…하면 안 됩니까?

Zài diànhuà li shuō
在 电话 里 说
Nǐ yí ge rén qù
你 一 个 人 去
Bā diǎn jiànmiàn
八 点 见面

bù xíng　　　ma?
不行　　　吗?

▶ 전화로 얘기하면 안 됩니까? | 당신 혼자 가면 안 됩니까? | 8시에 만나면 안 됩니까?
'行 xíng'은 '된다'란 뜻이고, '不行 bù xíng'은 '안 된다'란 뜻을 나타내는데, 문장구조는 '어떤 일+行/不行+吗?'의 형식을 이룬다.

3

不会…。　…일 리 없다.

Bú huì
不会

dānwu tài cháng shíjiān.
耽误 太 长 时间。
bù lái.
不 来。

▶ 오래 지체할 리 없습니다. | 안 올 리 없습니다.
'不会 huì'는 '…일 리 없다'란 뜻을 나타낸다.

1 두 사람이 같이 나란히 서 있을 때 '去'를 쓰는 방향보어 회화연습을 해 보세요.

A: 你 想 上去 吗?　올라가고 싶어?

B: 我 不 想 上去。　난 올라가고 싶지 않아.

jìnqu
进去 들어가다

guòqu
过去 건너가다

chūqu
出去 나가다

xiàqu
下去 내려가다

2 두 사람이 얼굴을 마주보고 있을 때 혹은 같은 장소에 있지 않을 때 '来'를 쓰는 방향보어 회화
연습을 해보세요.

A: 你 进 来 吧。　들어오세요.

B: 好的。　네.

出来一下 chūlai yíxià
잠깐 나오세요

过来一下 guòlai yíxià
잠깐 건너오세요

3 방향보어 '来，去' 앞에 다른 동사가 오는 회화연습을 해보세요.

A: 你 想 带 回 去 吗? 가져가고 싶습니까?

B: 是的，我 想 带 回 去。네, 가져 가고 싶습니다.

A: 你 想＿＿＿＿＿吗?

B: 是的，我 想 爬 上 去。

A: 你 想 走 回 去 吗?

B: 是的，＿＿＿＿＿＿。

4 '…不行吗? …안 됩니까?'를 이용한 회화를 연습해보세요.

A: 我们 坐 火车 去 不行 吗? 우리 기차 타고 가면 안 됩니까?

B: 坐 火车 太 麻烦 了! 기차 타는 것이 너무 번거롭습니다.

kāfēitīng
咖啡厅 커피숍

A: 在 咖啡厅 见面 不行 吗?

B: ＿＿＿＿＿＿。

yì tiáo qúnzi
一条 裙子
치마 하나

A: 给 我 买＿＿＿＿＿?

B: 这 条 裙子 太 贵 了!

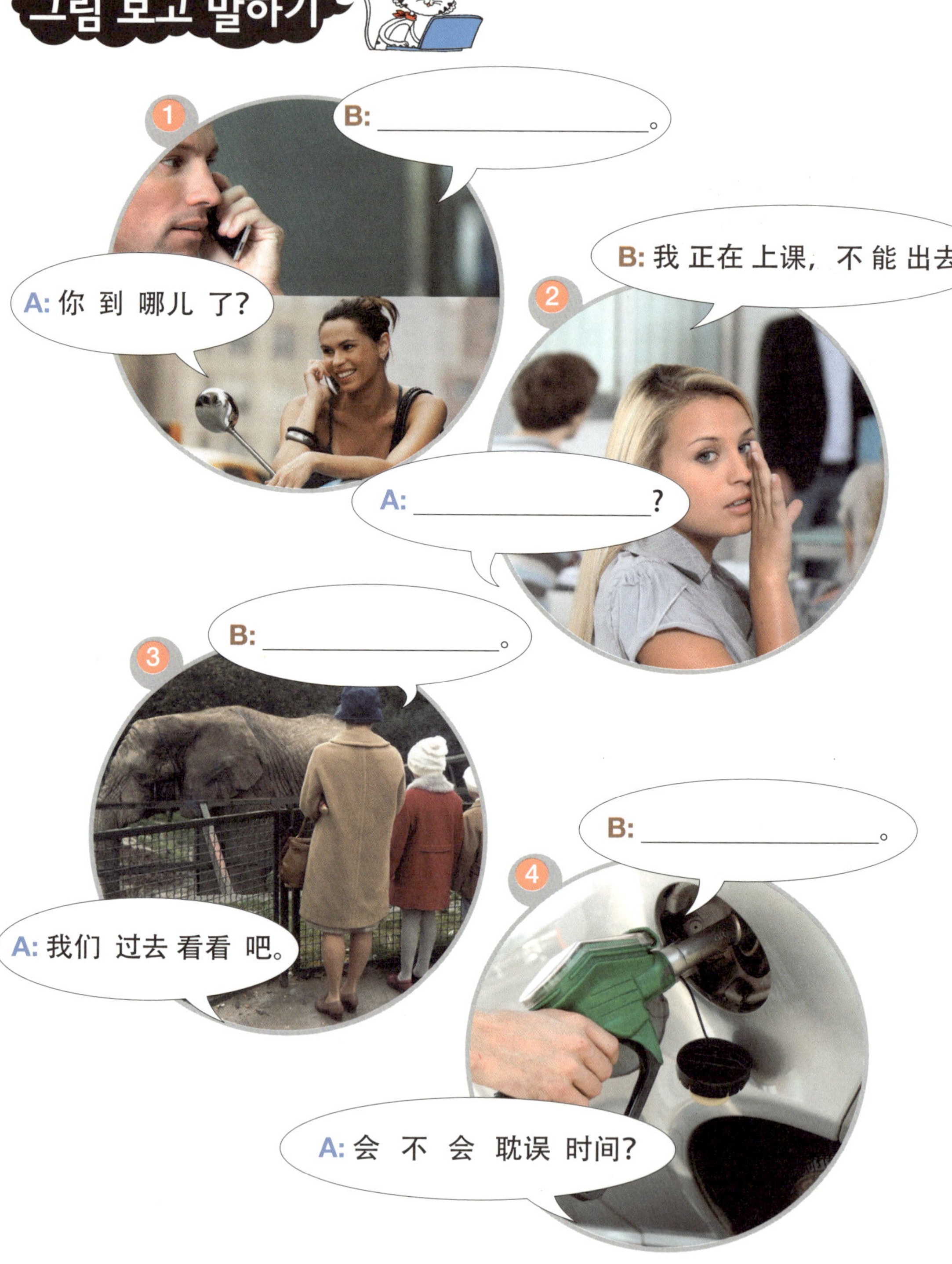
그림 보고 말하기
1
B: ________________________。
A: 你 到 哪儿 了？
2
B: 我 正在 上课，不 能 出去。
A: ________________________？
3
B: ________________________。
A: 我们 过去 看看 吧。
4
B: ________________________。
A: 会 不 会 耽误 时间？

회화에 도전하기

1 2인 1조로 아래의 문답 연습을 하는데, 처음에는 두 사람 모두 책을 보고 하고, 두 번째는 질문하는 사람만 책을 보고 해보세요.

A: 你每天晚上几点回家?

B: _______________________________。

A: 你经常回老家吗?

B: _______________________________。

A: 你喜欢出去玩儿吗?

B: _______________________________。

2 주어진 단어로 문장을 만들어 보세요.

1) 在　酒店　等　大厅　你　我　吧

2) 点(diǎn, 주문하다)　随便　你　吧　我　什么　吃　可以　都

3) 一定　我　他　告诉　放心(fàngxīn, 안심하다)　吧　你

4) 跟你　话　有　你　我　说

5) 好像　不　这　事儿　件　他　知道

6) 学校　要　在　话　听　老师　的

쓰기에 도전하기 

1 보기의 단어로 빈칸을 채운 다음 해석해 보세요.

> **보기**
>
> 出去，晚，说，一定，好像，耽误，回来，好事儿

1) 现在这个时间他__________在办公室。

　　해석→

2) 科长__________明天下午三点开会。

　　해석→

3) 我们去买东西__________了十分钟。

　　해석→

4) 妈妈，我__________一下，马上就回来。

　　해석→

5) 他__________还没有女朋友。

　　해석→

6) 老公，__________的时候，帮我买点儿牛奶，好吗?

　　해석→

7) 八点出发太__________了，还是早点儿出发吧。

　　해석→

8) 你最近是不是有什么__________?

　　해석→

你去过中国吗？

小光: Nǐ qù guo Zhōngguó ma?
你 去 过　中国　吗?

小雨: Wǒ qù guo Zhōngguó.
我 去 过　中国。

小光: Nǐ dōu qù guo nǎ xiē dìfang?
你 都 去 过　哪 些 地方?

小雨: Wǒ qù guo Běijīng, Shànghǎi hé Hángzhōu.
我 去 过 北京、上海　和　杭州。

小光: Wǒ yě qù guo Běijīng hé Shànghǎi, búguò méi qù guo Hángzhōu.
我 也 去 过 北京 和 上海，　不过 没 去 过　杭州。

小雨: Hángzhōu bùjǐn yǒu měilì de Xīhú, érqiě hái yǒu hěn duō měinǚ.
杭州　不仅 有 美丽 的 西湖，而且 还 有 很 多 美女。

小光: Shì ma? Yǒu jīhuì dehuà, wǒ yídìng yào qù Hángzhōu kàn yi kàn.
是 吗? 有 机会 的 话，我 一定 要 去　杭州　看 一看。

过　guo 图 …한 적이 있다(동사 뒤에 쓰임)

些　xiē 閱 약간, 몇 [명사 앞에 쓰여 확정적이지 않은 적은 수량을 나타냄]

地方　dìfang 圀 장소, 곳

北京　Běijīng 圀 베이징

上海　Shànghǎi 圀 상하이

杭州　Hángzhōu 圀 항저우

不仅…而且…　bùjǐn…érqiě …뿐만 아니라 게다가

美女　měinǚ 圀 미녀, 미인

机会　jīhuì 圀 기회

小王: Nǐ bú shì jièyān le ma?
你 不 是 戒烟 了 吗?

小张: Bié tí le, jiè le liǎng cì, dōu shībài le.
别 提 了, 戒 了 两 次, 都 失败 了。

小王: Wǒ yě jiè guo yān, búguò dōu méi chénggōng.
我 也 戒 过 烟, 不过 都 没 成功。

小张: Jièyān zhēn nán a!
戒烟 真 难 啊!

小王: Shì a! Jièyān bǐ jièjiǔ nán duō le.
是 啊! 戒烟 比 戒酒 难 多 了。

小张: Shàng ge yuè wǒ jiǎnchá guo shēntǐ, dàifu shuō wǒ de gān bú tài hǎo.
上 个 月我 检查 过身体, 大夫 说我 的 肝 不 太 好。

小王: Wǒ shēntǐ méi shénme wèntí, kěshì wǒ àiren tèbié tǎoyàn wǒ chōuyān.
我 身体 没 什么 问题, 可是 我 爱人 特别 讨厌 我 抽烟。

戒烟 jièyān 동 담배를 끊다

别提了 bié tí le 말도 마라

戒 jiè 동 (술 · 담배 등을) 끊다

次 cì 양 회, 번

失败 shībài 동 실패하다

成功 chénggōng 동 성공하다

上个月 shàng ge yuè 지난달

检查 jiǎnchá 동 검사하다

身体 shēntǐ 명 몸, 신체

肝 gān 명 간

问题 wèntí 명 문제

문형 익히기 

1

你去过…吗? …에 가본 적 있습니까?

Nǐ qù guo Zhōngguó ma?
你 去 过 中国 吗?

Wǒ qù guo Zhōngguó.
我 去 过 中国。吗

Nǐ xué guo Hànyǔ ma?
你 学 过 汉语 吗?

Wǒ méi xué guo Hànyǔ.
我 没 学 过 汉语。吗

▶ 중국에 가본 적 있습니까? | 중국에 가본 적 있습니다. | 중국어를 배워본 적 있습니까? | 중국어를 배워본 적 없습니다.

'过 guo'은 동사 뒤에 쓰여 '…한 적이 있다'의 의미로 과거의 경험을 나타낸다. '过'가 들어간 문장의 의문형은 문장의 맨 끝에 '吗'를 붙이면 되고, 이에 대한 긍정형 대답은 의문을 나타내는 '吗'를 빼면 되고, 부정형 대답은 동사 앞에 '没'를 붙이면 된다.

2

동사 + 过 + (목적어)

동사의 종류	경험태 형식	예 문
단음절 동사	단음절 동사 + 过	去 qù 가다 → 去过 가본 적이 있다 吃 chī 먹다 → 吃过 먹어본 적이 있다 看 kàn 보다 → 看过 본 적이 있다 学 xué 배우다 → 学过 배워본 적이 있다
이음절 동사	이음절 동사 + 过	检查 jiǎnchá 검사하다 → 检查过 검사해본 적이 있다 打扫 dǎsǎo 청소하다 → 打扫过 청소한 적이 있다 耽误 dānwu 그르치다 → 耽误过 지체한 적이 있다 喜欢 xǐhuan 좋아하다 → 喜欢过 좋아한 적이 있다

이합 동사	동사 + 过 + 목적어	戒烟 jièyān 담배를 끊다 → 戒过烟 담배를 끊은 적이 있다 出差 chūchāi 출장을 가다 → 出过差 출장간 적이 있다 搬家 bānjiā 이사하다 → 搬过家 이사한 적이 있다

중국어에서 동사는 한 글자로 구성된 동사를 단음절 동사라 하고, 2글자로 이루어진 동사를 이음절 동사라 한다. '过'는 동사 뒤에 쓰이기 때문에 단음절 동사나 이음절 동사 뒤에 바로 '过'를 붙이면 된다. 그런데 '戒烟' 같은 경우, '戒过烟'이라고 해야 한다. 그 이유는 '戒烟'이 이합동사이기 때문이다. 이합동사란 '동사+목적어' 구조로 이루어진 2음절 동사로서, 어떤 때는 결합된 채로, 어떤 때는 분리된 형태로 쓰인다. 이음절동사가 '过'와 결합할 때는 이합동사의 동사 뒤에 '过'가 와야 한다.

3

不仅…而且…。 …뿐만 아니라, 게다가….

주어 + 不仅 + 술어 + 목적어, 而且+ 술어 + 목적어.

Hángzhōu bùjǐn yǒu měilì de Xīhú, érqiě hái yǒu hěn duō měinǚ.
杭州 不仅 有 美丽 的 西湖, 而且 还 有 很 多 美女。
항저우에는 아름다운 서호가 있을 뿐만 아니라, 미녀도 아주 많다.

Wǒ bùjǐn huì shuō Yīngyǔ, érqiě hái huì shuō Hànyǔ.
我 不仅 会 说 英语, 而且 还 会 说 汉语。
나는 영어를 할 줄 알 뿐만 아니라, 중국어도 할 줄 안다.

'不仅…而且… bùjǐn…érqiě…'은 '…뿐만 아니라 게다가…'란 뜻으로 어떤 사물이나 사람의 가지고 있는 2가지 측면을 언급할 때 사용한다. 주의할 점은 '不仅'과 '而且'뒤에 언급한 내용은 모두 공통된 주어에 관한 내용이어야 한다.

말하기 연습

1 '… 过 … 吗?'를 이용한 질문과 대답을 연습해보세요.

보기

> A: 你 去 过 中国 吗?　중국에 가본 적이 있습니까?
> B: 我 去 过 中国。　중국에 가본 적이 있습니다.
> A: 去 过 几 次?　몇 번 가봤습니까?
> B: 去 过 两 次。　두 번 가봤습니다.

tán liàn'ài
谈 恋爱
연애를 하다

A: 你 谈 过 恋爱 吗?

B: ________________。

A: 谈 过 几 次?

B: ________________。

Jìzhōudǎo
济州岛
제주도

A: ________________?

B: 我 去 过 济州岛。

A: ________________?

B: 我 去 过 三 次。

2 '过'의 부정형 대답을 연습해보세요.

보기

> A: 你 学 过 汉语 吗?　중국어를 배운 적이 있습니까?
> B: 我 没 学 过 汉语。　저는 중국어를 배운 적이 없습니다.

jiǎnféi
减肥
다이어트하다

A: 你 减 过 肥 吗?

B: ________________。

A: ________________?

B: 我 没 戒 过 烟。

3 '了'와 '过'로 빈칸을 채운다음, 한 사람은 책을 보고 다른 한 사람은 책을 보지 않고 회화연습
을 해보세요.

A: 你 吃饭 _________ 吗?

B: 没 吃。

A: 为什么 没 吃 啊?

B: 我 想 减肥。

A: 我 也 减_________肥，不过 都 失败 _________。

B: 我 觉得 你 不 用 减肥， 你 应该 戒烟。

A: 我 也 想 戒，可是 难 啊!

B: 你 戒 _________烟 吗?

A: 我 没 戒_________烟，不过 听说 很 难。

B: 你 可以 试试。

그림 보고 말하기

회화에 도전하기

1 2인 1조로 아래의 문답 연습을 하는데, 처음에는 두 사람 모두 책을 보고 하고, 두 번째는 질문하는 사람만 책을 보고 해보세요.

A: 你喜欢喝酒吗?

B: ______________________________________。

A: 一个星期你喝几次酒?

B: ______________________________________。

A: 你想不想戒酒?

B: ______________________________________。

2 주어진 단어로 문장을 만들어 보세요.

1) 济州岛　还有　汉拿山　不仅　有　而且　美丽　的　好吃　东西　很多　的

2) 检查　作业　老师　每天　都

3) 机会　的话　有　我　去　想　美国　留学

4) 觉得　我　戒烟　戒酒　多了　比　难

5) 减肥　过　没　我

6) 不是　了　你　吃饭　吗

쓰기에 도전하기

1 보기의 단어로 빈칸을 채운 다음 해석해 보세요.

> **보기**
>
> 了, 没, 不, 在, 过

1) 昨天我去百货商店买＿＿＿＿＿＿两条裤子。

　　해석→

2) 我＿＿＿＿＿＿图书馆学习呢。

　　해석→

3) 我＿＿＿＿＿＿吃过北京烤鸭(kǎoyā, 오리구이),　不过听说很好吃。

　　해석→

4) 他＿＿＿＿＿＿喜欢喝酒,　也＿＿＿＿＿＿喜欢抽烟。

　　해석→

5) 今天早上没吃饭,　所以中午吃＿＿＿＿＿＿很多。

　　해석→

6) 妈妈＿＿＿＿＿＿做饭,　爸爸＿＿＿＿＿＿看电视。

　　해석→

7) 昨天晚上你为什么＿＿＿＿＿＿睡觉?

　　해석→

8) 我喝＿＿＿＿＿＿中国酒。

　　해석→

你打乒乓球打得怎么样?

기초 회화

Nǐ huì dǎ pīngpāngqiú ma?
王明: 你 会 打 乒乓球 吗?

Wǒ huì dǎ pīngpāngqiú.
李光: 我 会 打 乒乓球。

Nǐ dǎ pīngpāngqiú dǎ de zěnmeyàng?
王明: 你 打 乒乓球 打 得 怎么样?

Wǒ dǎ pīngpāngqiú dǎ de háikěyǐ.
李光: 我 打 乒乓球 打 得 还可以。

Nà zhè ge zhōumò wǒmen yìqǐ qù dǎ pīngpāngqiú, hǎo ma?
王明: 那 这 个 周末 我们 一起 去 打 乒乓球, 好 吗?

Zhǐ yǒu wǒmen liǎng ge rén ma?
李光: 只 有 我们 两 个 人 吗?

Bù, hái yǒu liǎng ge péngyou.
王明: 不, 还 有 两 个 朋友。

Tài hǎo le, nà wǒmen kěyǐ dǎ shuāngdǎ.
李光: 太 好 了, 那 我们 可以 打 双打。

乒乓球　pīngpāngqiú 명 탁구
得　de 조 동사 뒤에 쓰여 정도를 나타내는 보어와 연결시킴
还可以　háikěyǐ 수수하다
周末　zhōumò 명 주말
双打　shuāngdǎ 명 (탁구 · 테니스 등의) 복식

老公: 亲爱 的, 今晚 我们 吃 什么 啊?
Qīn'ài de, jīnwǎn wǒmen chī shénme a?

老婆: 我 做 了 你 最 喜欢 吃 的 糖醋排骨。
Wǒ zuò le nǐ zuì xǐhuan chī de tángcùpáigǔ.

老公: 是 吗? 太 好 了, 那 我 得 喝 两 盅。
Shì ma? Tài hǎo le, nà wǒ děi hē liǎng zhōng.

老婆: 那 我 再 炒 两 个 菜 吧。
Nà wǒ zài chǎo liǎng ge cài ba.

老公: 不 用 了, 快 点儿 吃饭 吧。
Bú yòng le, kuài diǎnr chīfàn ba.

老婆: 你 等 一会儿, 我 再 炒 个 菜。
Nǐ děng yíhuìr, wǒ zài chǎo ge cài.

老公: 老婆, 你 真 好!
Lǎopo, nǐ zhēn hǎo!

老婆: 嘿 嘿。
Hēihēi.

亲爱的 qīn'ài de 달링, 자기야
糖醋排骨 tángcùpáigǔ 명 탕수갈비
喝 hē 동 마시다
盅 zhōng 명 작은 잔
炒 chǎo 동 볶다
菜 cài 명 반찬, 요리

不用了 bú yòng le 됐어요, 괜찮아요
快点儿 kuài diǎnr 좀 빨리
一会儿 yíhuìr 잠깐, 잠시
老婆 lǎopo 명구 아내, 집사람, 마누라

문형 익히기 

① 정도보어

(1) 정의 : 동사 뒤에서 동작이나 상태의 정도가 어떠한지를 나타내는 보어를 정도보어라고 한다.

(2) 정도보어의 기본형식

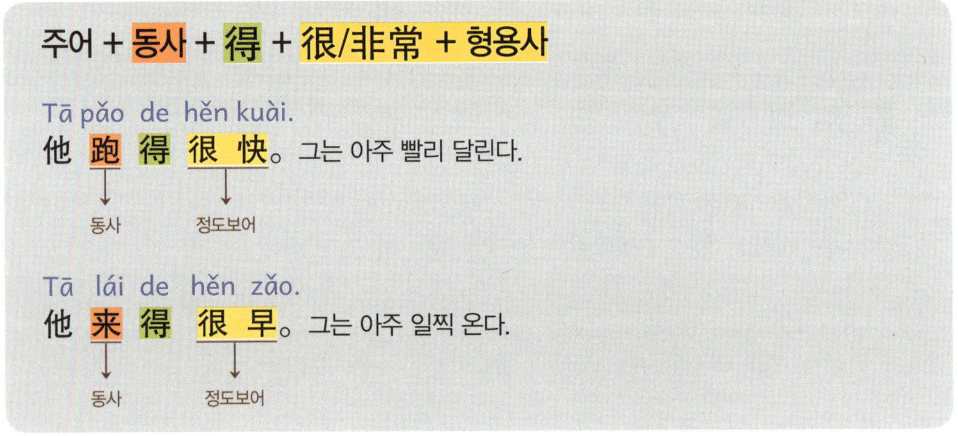

주어 + **동사** + **得** + **很/非常** + 형용사

Tā pǎo de hěn kuài.
他 跑 得 很 快。 그는 아주 빨리 달린다.
　　 ↓ 　　 ↓
　 동사 　 정도보어

Tā lái de hěn zǎo.
他 来 得 很 早。 그는 아주 일찍 온다.
　　 ↓ 　　 ↓
　 동사 　 정도보어

(3) 목적어의 위치

목적어를 가진 동사인 경우, 아래의 형식을 취한다.

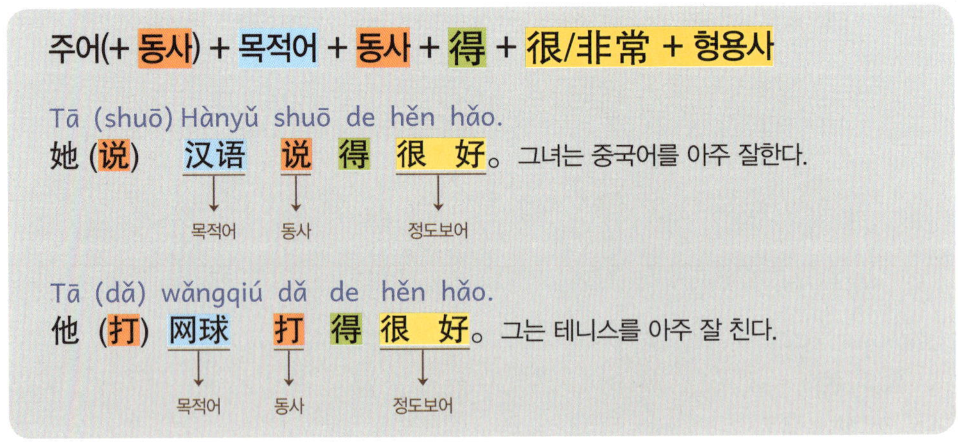

주어(+ **동사**) + **목적어** + **동사** + **得** + **很/非常** + 형용사

Tā (shuō) Hànyǔ shuō de hěn hǎo.
她 (说) 汉语 说 得 很 好。 그녀는 중국어를 아주 잘한다.
　　　　 ↓ 　 ↓ 　　 ↓
　　　 목적어　동사　　 정도보어

Tā (dǎ) wǎngqiú dǎ de hěn hǎo.
他 (打) 网球 打 得 很 好。 그는 테니스를 아주 잘 친다.
　　　　 ↓ 　 ↓ 　　 ↓
　　　 목적어　동사　　 정도보어

4) 정도보어의 부정형

정도보어의 부정은 정도보어 앞에 '不'나 '不太'로 부정하면 된다.

(5) 정도보어의 의문형

정도보어의 의문형은 문장의 끝에 '怎么样' 혹은 '吗'를 붙이면 된다.

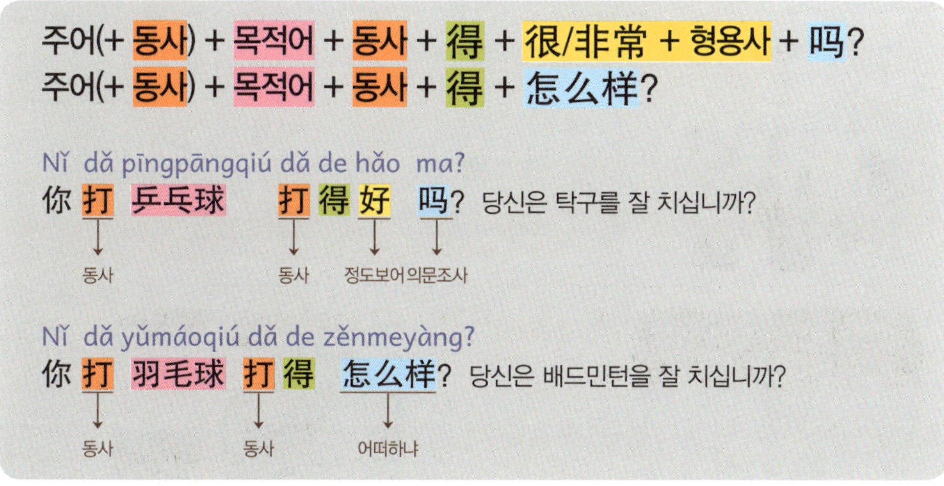

말하기 연습

1 '……得 怎么样?'을 이용한 질문과 대답을 연습해보세요.

보기

A: 他 唱歌 唱 得 怎么样?　그는 노래를 잘 부릅니까?
B: 他 唱歌 唱 得 很 好。　그는 노래를 잘 부릅니다.

A: 他 打 篮球 打 得 怎么样？
B: ＿＿＿＿＿＿＿＿＿＿＿＿。

A: ＿＿＿＿＿＿＿＿＿＿＿？
B: 我 妈妈 做菜 做 得 很 好。

2 정도보어 '得'의 부정형 대답을 연습해보세요.

보기

A: 你 来 得 早 吗?　일찍 오셨습니까?
B: 我 来 得 不 早。　일찍 오지 않았습니다.

A: 他 游泳 游 得 怎么样?
B: ＿＿＿＿＿＿＿＿＿＿＿。

A: ＿＿＿＿＿＿＿＿＿＿＿?
B: 他 开车 开 得 不 太 好。

> **보기**
>
> 怎么样，得，太，还可以

A: 你 每天 起 __________ 早 不 早?

B: 最近 我 每天 都 起 得 __________ 很 早。

A: 为什么 啊?

B: 因为 我 每天 早上　得 去 汉语 补习班 学习 汉语。

A: 那 现在 你 汉语 说__________怎么样?

B: 我 说 得 还 不 __________ 好。

A: 你 英语 说 得 __________?

B: 我 在 美国 留 过 学, 所以 我 英语 说 得__________。

A: 我 英语 说________不 太 好, 汉语 说________也 不 太 好。

B: 你 是 大老板, 不 会 说 英语 也 没 关系。

그림 보고 말하기

회화에 도전하기

1 2인 1조로 아래의 문답 연습을 하는데, 처음에는 두 사람 모두 책을 보고 하고, 두 번째는 질문하는 사람만 책을 보고 해보세요.

A: 你会滑雪吗? 滑得怎么样?

B: ______________________________________。

A: 你会不会做菜? 你妈妈做菜做得怎么样?

B: ______________________________________。

A: 你最喜欢吃什么菜?

B: ______________________________________。

2 주어진 단어로 문장을 만들어 보세요.

1) 只有　汽车　家　一辆　我

2) 想　再　我　吃　饭　点儿

3) 每天　我　晚上　得　睡　很晚

4) 周末　下个　一起　我们　出去　玩儿　好吗

5) 喜欢　中国人　炒菜　吃

6) 晚上　今天　想　喝　两盅　我　可以　吗

쓰기에 도전하기

1 보기의 단어로 빈칸을 채워 보세요.

> 보기
>
> 只有，还有，做，再

1) 没关系，你用吧，我＿＿＿＿＿＿一把雨伞。

　　해석→

2) 这是你＿＿＿＿＿＿的菜吗?

　　해석→

3) 对不起，你＿＿＿＿＿＿说一遍(biàn, 번)，好吗?

　　해석→

4) 我没有哥哥，也没有姐姐和妹妹，我＿＿＿＿＿＿一个弟弟。

　　해석→

2 '정도보어 得'와 동사 '得 děi …해야 한다'를 이용하여 문장을 만들어 보세요.

> 보기
>
> '得 de 정도보어의 표시' ☞　A: 你跑得快吗?
> 　　　　　　　　　　　　　B: 我跑得不太快。
>
> '得 děi …해야 한다' ☞　A: 今天晚上你得加班吗?
> 　　　　　　　　　　　　B: 今天晚上我不用加班。

1) '得 정도보어의 표시'　　A: ＿＿＿＿＿＿＿＿＿＿＿＿?

　　　　　　　　　　　　　B: ＿＿＿＿＿＿＿＿＿＿＿＿。

2) '得 …해야 한다'　　　　A: ＿＿＿＿＿＿＿＿＿＿＿＿?

　　　　　　　　　　　　　B: ＿＿＿＿＿＿＿＿＿＿＿＿。

去百货商店怎么走？

기초 회화 

Qǐng wèn, qù bǎihuòshāngdiàn zěnme zǒu?
王刚: 请 问, 去 百货商店 怎么 走?

Yìzhí wǎng qián zǒu, ránhòu wǎng zuǒ guǎi.
李红: 一直 往 前走, 然后 往 左 拐。

Lí zhèr yǒu duō yuǎn?
王刚: 离 这儿 有 多 远?

Zǒu lù dàgài shíwǔ fēnzhōng.
李红: 走 路 大概 十五 分钟。

Kě bu kěyǐ zuò gōnggòngqìchē?
王刚: 可 不 可以 坐 公共汽车?

Kěyǐ, gōnggòngqìchēzhàn jiù zài qiánbian, nǐ zuò èrshíbā lù ba.
李红: 可以, 公共汽车站 就 在 前边, 你 坐 二十八 路 吧。

Xièxie!
王刚: 谢谢!

Búkèqi.
李红: 不客气。

走 zǒu 邳 가다(뒤에 목적어가 올 수 없음)
一直 yìzhí 뷔 곧장, 곧바로
往 wǎng 전 …쪽으로, …을(를) 향해
往前走 wǎng qián zǒu 앞으로 가다
然后 ránhòu 쩹 그런 후에, 그 다음에
左 zuǒ 명 왼쪽, 좌측
拐 guǎi 동 방향을 바꾸다, 꺾어 돌다
往左拐 wǎng zuǒ guǎi 좌회전하다
离 lí 전 …에서, …로부터

多远 duō yuǎn 얼마나 먼가
走路 zǒulù 동 걷다
分钟 fēnzhōng 명 분
公共汽车站 gōnggòngqìchēzhàn 버스정류소
就 jiù 뷔 바로
前边 qiánbian 명 앞
二十八路 èrshíbā lù 28번(버스)

94

Nǐ rènshi lù ma?
小光: 你 认识 路 吗?

Wǒ rènshi lù, wǒ lái guo liǎng cì.
小雨: 我 认识 路, 我 来 过 两 次。

Zài zhèli wǎng yòu guǎi háishi wǎng zuǒ guǎi?
小光: 在 这里 往 右 拐 还是 往 左 拐?

Wǎng yòu guǎi.
小雨: 往 右 拐。

Ránhòu ne?
小光: 然后 呢?

Ránhòu zài wǎng zuǒ guǎi.
小雨: 然后 再 往 左 拐。

Hái yǒu duō yuǎn?
小光: 还 有 多 远?

Mǎshàng jiù dào le.
小雨: 马上 就 到 了。

认识 rènshi 통 (사람·길·글을) 알다
路 lù 명 길
右 yòu 명 우측, 오른쪽
往右拐 wǎng yòu guǎi 우회전하다
马上 mǎshàng 부 곧, 즉시
就 jiù 부 바로

1

去…怎么走? …에 가려면 어떻게 가야합니까?

Qù
去

jīchǎng
机场

bǎihuòshāngdiàn
百货商店

yínháng
银行

zěnme zǒu
怎么 走?

▶ 공항에 가려면 어떻게 가야 합니까? | 백화점에 가려면 어떻게 가야 합니까? | 은행에 가려면 어떻게 가야 합니까?

'去 qù'와 '走 zǒu'는 모두 '가다'의 뜻을 나타내지만, '去 qù'는 화자와 청자가 모두 어디로 가는지 아는 경우 사용하고, '走 zǒu'는 어디로 가는지 명확하지 않거나 언급할 필요가 없을 때 사용함으로 '走 zǒu' 뒤에는 목적어가 올 수 없다. '去…怎么走? …가려면 어떻게 가야합니까?'는 일상회화에서 자주 사용하는 문형이다.

2

…离… …에서 …까지…

'…离 …에서 …까지'는 두 곳의 거리가 먼지 가까운지를 나타낸다. '…离 …'의 앞뒤에는 모두 장소를 나타내는 명사가 와야 한다. 즉

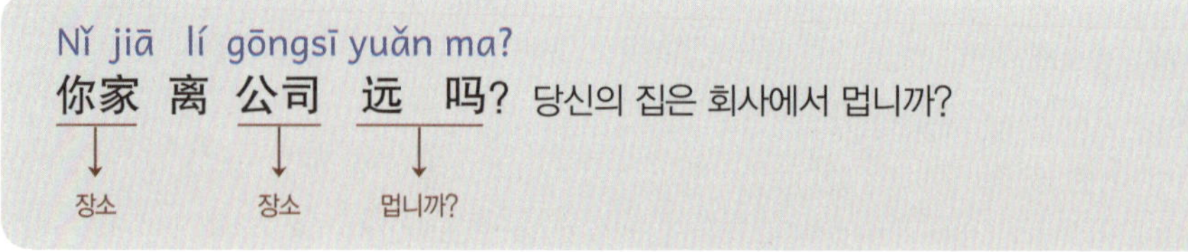

'…离 …에서 …까지'는 두 곳의 거리가 구체적으로 얼마나 되는지를 나타내기도 한다. 물론 '…离
…'의 앞뒤에는 모두 장소를 나타내는 명사가 와야 한다. 즉

Yínháng lí zhèr yǒu duō yuǎn?
银行 离 这儿 有 多 远?
Zǒulù dàgài   shí fēnzhōng.
走路 大概 十 分钟。

Jīchǎng lí   zhèr yǒu duō yuǎn?
机场 离 这儿 有 多 远?
Dàgài   sìshí gōnglǐ.
大概 四十 公里。

▶ 은행은 여기에서 얼마나 멉니까? | 걸어서 10분 거리입니다. | 공항은 여기에서 얼마나 멉니
까? | 대략 40킬로미터입니다.

거리가 얼마나 되는지에 대한 질문은 위와 같이 소요되는 시간을 말해도 되고, 구체적으로 몇 킬
로미터 되는지 말해도 된다.

말하기 연습

1 '离'가 '…에서, …로부터'라는 뜻을 나타내는 회화를 연습해보세요.

A: 那 你 家 离 地铁站 近 吗？
그럼 당신의 집은 지하철 역과 가깝습니까?

B: 很 近，走路 大概 五 分钟。
아주 가깝습니다. 걸어서 5분입니다.

十分钟

A: 他家 离 公共汽车站 近 吗？

B: ＿＿＿＿＿＿＿＿＿＿＿＿＿＿＿。

两个小时

A: ＿＿＿＿＿＿＿＿＿＿＿＿＿？

B: 她 家 离 火车站 很 远。

2 '往右拐, 往左拐'를 이용하여 길묻기 연습을 해보세요.

A: 去 市场 怎么 走？ 시장에 가려면 어떻게 가야 합니까？

B: 一直 往 前 走，然后 往 右 拐。
곧장 앞으로 가다가, 우회전하세요.

A: 去 邮局 怎么 走？

B: ＿＿＿＿＿＿＿＿＿＿＿＿＿。

gānxǐdiàn
干洗店
세탁소

A: ＿＿＿＿＿＿＿＿＿＿＿？

B: 往 右 拐。

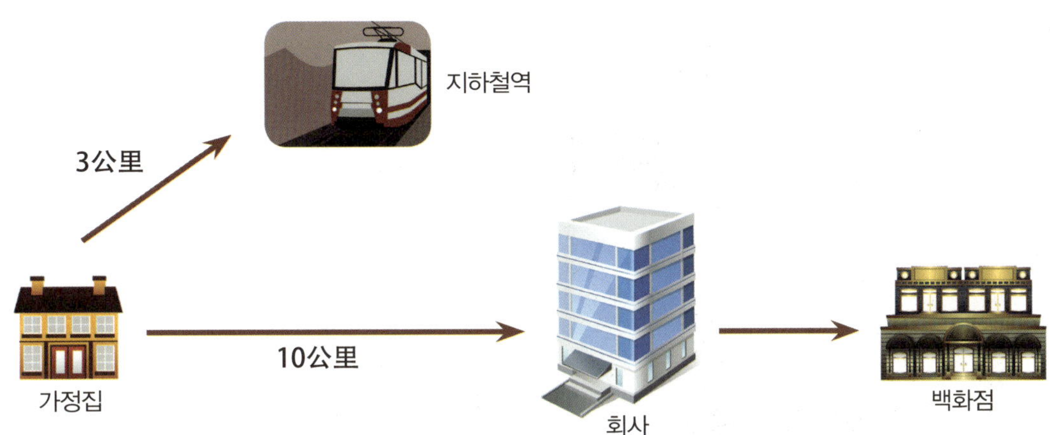

A: 他 家 离 公司 有 多 远?

B: _______________________________。

A: 他 家 离 地铁站 有 多 远?

B: _______________________________。

A: 他们 公司 离 百货商店 近 吗?

B: _______________________________。

A: 去 火车站 怎么 走?

B: _______________________________。

A: 去 百货商店 怎么 走?

B: _______________________________。

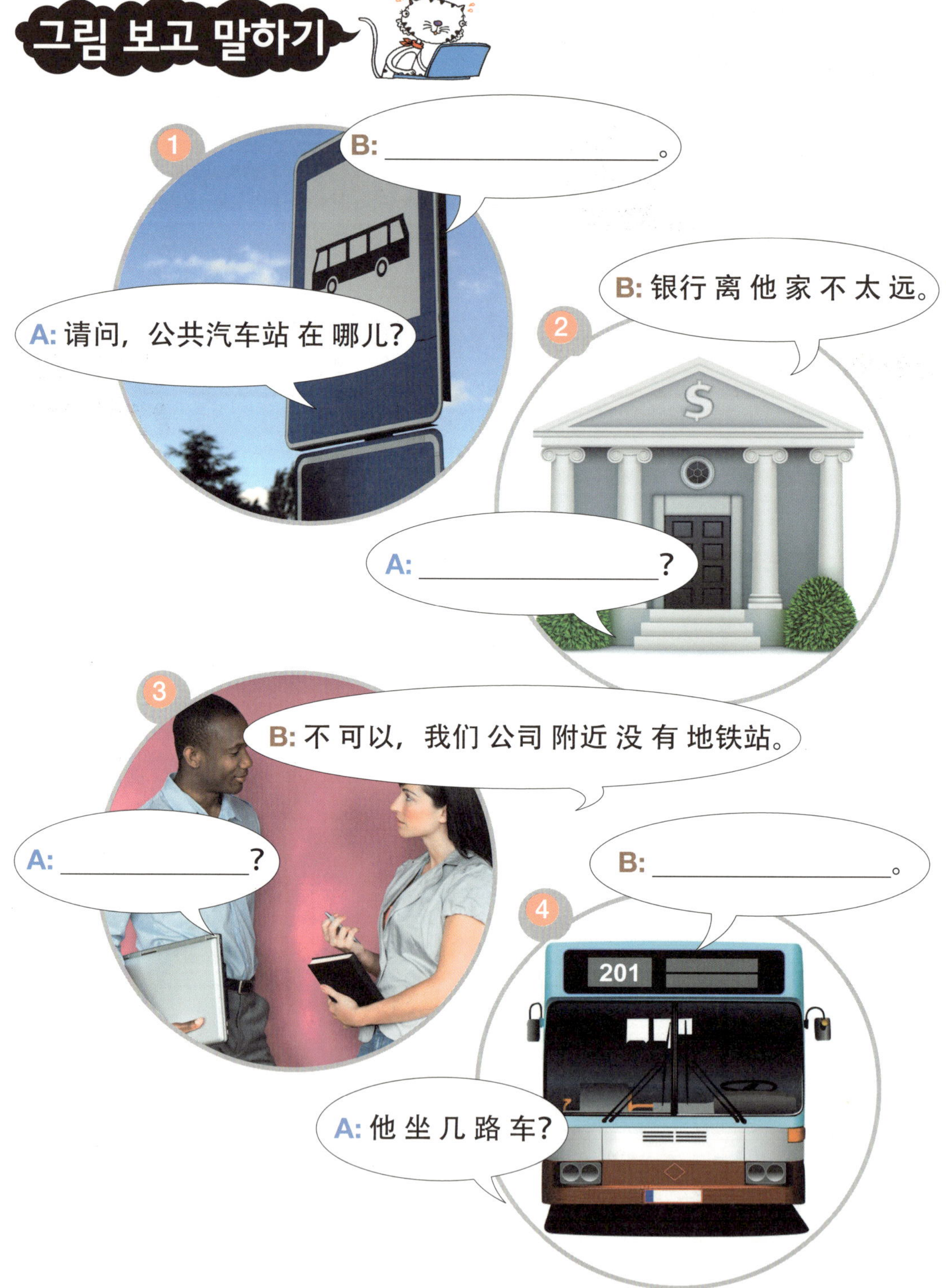
그림 보고 말하기

① B: ＿＿＿＿＿＿＿＿＿＿＿＿。
A: 请问，公共汽车站 在 哪儿？

② B: 银行 离 他 家 不 太 远。
A: ＿＿＿＿＿＿＿＿＿＿＿？

③ B: 不 可以，我们 公司 附近 没 有 地铁站。
A: ＿＿＿＿＿＿＿＿＿＿＿？

④ B: ＿＿＿＿＿＿＿＿＿＿＿。
A: 他 坐 几 路 车？

买到火车票了吗？

Măidào huŏchēpiào le ma?
王刚: 买到　火车票 了 吗?

Méi măidào huŏchēpiào?
李红: 没 买到　火车票。

Nà zěnme bàn a?
王刚: 那 怎么　办 啊?

Wŏ yě bù zhīdào.
李红: 我 也 不 知道。

Shì a, xiànzài huŏchēpiào tài nán măi le.
王刚: 是 啊, 现在　火车票 太 难 买 了。

Jīnnián nĭ huí lăojiā ma?
李红: 今年 你 回 老家 吗?

Wŏ huí lăojiā, háihăo wŏ yĭjīng măidào le huŏchēpiào.
王刚: 我 回 老家, 还好 我 已经 买到 了 火车票。

Zhēn xiànmù nĭ a!
李红: 真　羡慕 你 啊!

买到 măidào ⑧ (사려던 것을 드디어) 사다
火车票 huŏchēpiào ⑧ 기차표
怎么办 zěnme bàn 어떡해
回 huí ⑧ (원래의 곳으로) 되돌아가다
老家 lăojiā ⑲ 고향
还好 háihăo ⑲ 다행히
羡慕 xiànmù ⑧ 부러워하다

明明: **你 看见 我 的 手机 了 吗?**
Nǐ kànjiàn wǒ de shǒujī le ma?

龙龙: **没 看见。**
Méi kànjiàn.

明明: **刚才 我 放在 桌子 上 了, 怎么 没 了 呢?**
Gāngcái wǒ fàngzài zhuōzi shàng le, zěnme méi le ne?

龙龙: **你 是 不 是 放在 别 的 地方 了?**
Nǐ shì bu shì fàngzài bié de dìfang le?

明明: **我 记得 是 放在 桌子 上 了。**
Wǒ jìde shì fàngzài zhuōzi shàng le.

龙龙: **要不 你 用 我 的 手机 打 个 电话 试试 吧。**
Yàobù nǐ yòng wǒ de shǒujī dǎ ge diànhuà shìshi ba.

明明: **对 呀, 这 个 办法 不错。**
Duì ya, zhè ge bànfǎ búcuò.

看见 kànjiàn 동 보이다, 눈에 띄다	记得 jìde 동 기억하고 있다
刚才 gāngcái 명 지금 막, 방금	要不 yàobù 접 그렇지 않으면
放在 fàngzài …에 두다	用 yòng 전 …으로
桌子 zhuōzi 명 탁자, 테이블	试试 shìshi 한번 해보다, (옷을) 입어보다
上 shàng 명 …위에, …에	办法 bànfǎ 명 방법
没了 méi le 동 없어지다	不错 búcuò 형 좋다, 괜찮다
别的 biéde 대 다른 것	

문형 익히기

① 결과보어

(1) 정의 : 결과보어는 술어 동사 바로 뒤에 위치해 그 행위의 결과가 어떠한지 확실하게 말해주는 역할을 한다.

(2) 자주 사용하는 결과보어

결과보어	뜻	예 문
동사 + 到	'하려던 것을 드디어 했다'란 뜻으로 동작을 통해 어떤 목적에 달성하였음을 나타낸다.	Wǒ mǎi dào piào le. 我 **买 到** 票 了。 표를 (드디어)샀다. Wǒ zhǎo dào qiánbāo le. 我 **找 到** 钱包 了。 지갑을 (드디어) 찾았다.
동사 + 完	'완료되다', '마치다'의 의미로 어떠한 일이이나 동작이 마무리된 것을 나타낸다.	Wǒ chī wán le. 我 **吃 完** 了。 난 다 먹었다. Wǒ kàn wán le. 我 **看 完** 了。 난 다 봤다.
동사 + 好	어떠한 일이나 동작이 잘 마무리되거나 잘 진행되었음을 나타낸다.	Zīliào yǐjīng zhǔnbèi hǎo le. 资料 已经 **准备 好** 了。 자료는 이미 준비해 놨다. Wǒmen yǐjīng yuē hǎo le. 我们 已经 **约 好** 了。 우리는 이미 약속해 놨다.
동사 + 光	동작을 통해 '어떤 물건이 모두 없어지다'의 의미를 나타낸다.	Yǐjīng chī guāng le. 已经 **吃 光** 了。 이미 다 먹어버렸다. Yīfu dōu mài guāng le. 衣服 都 **卖 光** 了。 옷은 다 팔렸다.

(3) 결과보어의 부정

결과보어가 들어간 문장은 일반적으로 동작의 완료를 나타내는 '了'와 함께 쓰이는 경우가 많다. 이와 같이 '了'가 들어간 문장을 부정할 때는 동사 앞에 '没(有)'를 붙이는 대신 문장 끝의 '了'는 빼야 한다.

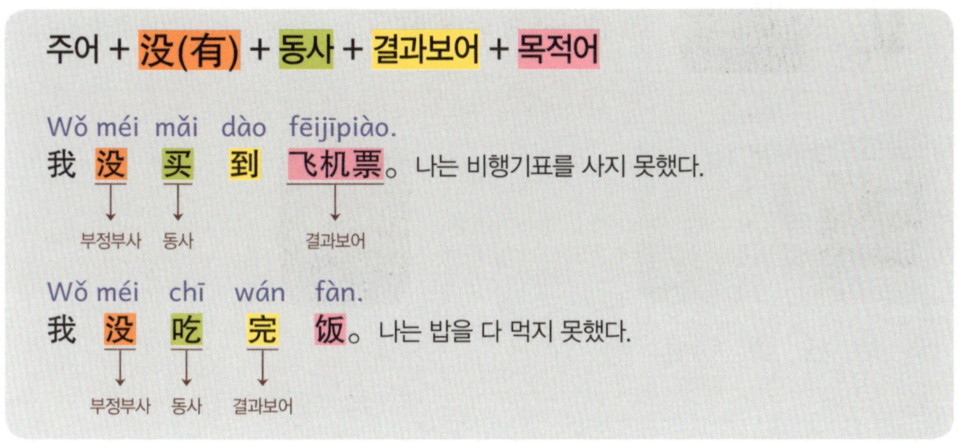

(4) 결과보어의 의문형

결과보어의 의문형은 문장의 끝에 의문조사 '吗'를 붙여도 된다.

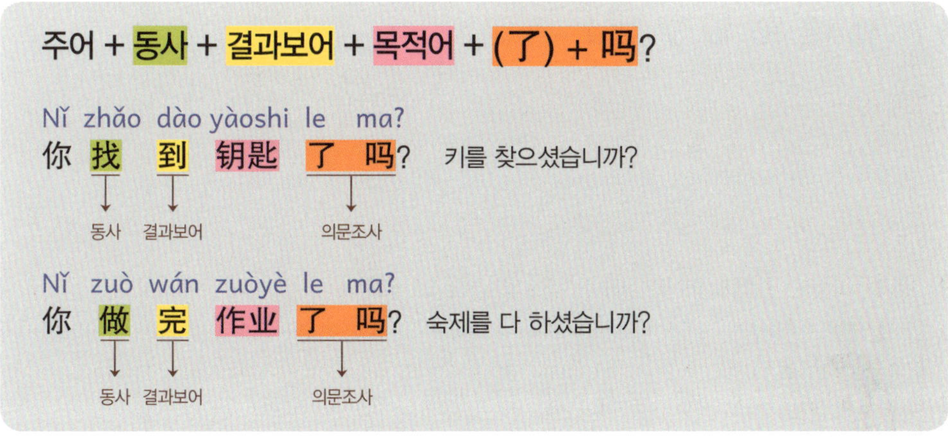

말하기 연습

1 결과보어 '找到, 吃完, 做完'을 이용한 질문과 대답을 연습해보세요.

A: 他 买 到 火车票 了 吗?　그는 (드디어)기차표를 샀습니까?
B: 他 买 到 火车票 了。　그는 (드디어) 기차표를 샀습니다.

A: 他 找 到 钥匙 了 吗?
B: ＿＿＿＿＿＿＿＿＿＿＿＿。

A: ＿＿＿＿＿＿＿＿＿＿＿＿?
B: 她 找 到 孩子 了。

A: 他 吃 完 饭 了 吗?
B: ＿＿＿＿＿＿＿＿＿＿＿＿。

A: ＿＿＿＿＿＿＿＿＿＿＿＿?
B: 他 做 完 作业 了。

2 '没'를 이용한 결과보어 부정형 대답을 연습해 보세요.

A: 你 准备 好 了 吗?　준비 다 됐어?
B: 我 没 准备 好。　난 아직 준비 다 못했어.

A: 你们 约 好 了 吗?

B: ________________。

A: ________________?

B: B: 西瓜 还 没 卖 光。

③ '好, 到, 没'로 아래의 빈칸을 채운 다음 한 사람은 책을 보고 다른 한 사람은 책을 보지 않고 회화연습을 해보세요.

A: 我 找 _________ 工作 了。

B: 是吗? 恭喜恭喜 (gōngxǐ gōngxǐ, 축하합니다)!

A: 你 呢?

B: 我 还 _________ 找 到 工作。

A: 今天 我 跟 小金 约 _________ 了八点见面,你 也 一起 去 吧。

B: 明天 我 有 一 个 面试, 不过 我 还 没 准备____, 所以 我 不 想 去。

A: 好 吧, 那 你 好好儿 准备 吧。

그림 보고 말하기

 회화에 도전하기

1 2인 1조로 아래의 문답 연습을 하는데, 처음에는 두 사람 모두 책을 보고 하고, 두 번째는 질문하는 사람만 책을 보고 해보세요.

A: 你丢(diū, 잃어버리다)过钱包吗? 如果丢过, 丢过多少钱?

B: _______________________________________。

A: 你的手机一般放在哪儿?

B: _______________________________________。

A: 在地铁里看见老人的话，你给老人让座(ràngzuò, 자리를 양보하다)吗?

B: _______________________________________。

2 주어진 단어로 문장을 만들어 보세요.

1) 中秋节 难买 火车票 太 了

2) 一般 回 春节 老家 你 吗

3) 听说 去 你 留学 中国 羡慕 真 你 啊

4) 看见 没 你 钥匙 的 我

5) 已经 饭 了 做好

쓰기에 도전하기

보기의 단어로 빈칸을 채워 보세요.

> **보 기**
>
> 放在，找到，看见，买到，做完，刚才，要不，用

1) 钥匙＿＿＿＿＿＿＿桌子上了。

　　해석→

2) 我想＿＿＿＿＿＿＿一下洗手间，可以吗?

　　해석→

3) ＿＿＿＿＿＿＿你去哪儿了? 你妈妈在找你呢。

　　해석→

4) 我还没＿＿＿＿＿＿＿饭，你等一会儿，好吗?

　　해석→

5) 我＿＿＿＿＿＿＿李老师了,她在办公室里。

　　해석→

6) 妈妈，我＿＿＿＿＿＿＿手机了，手机在沙发下面。

　　해석→

7) ＿＿＿＿＿＿＿我们明天晚上见面吧。

　　해석→

8) 告诉你一个好消息，我＿＿＿＿＿＿＿火车票了。

　　해석→

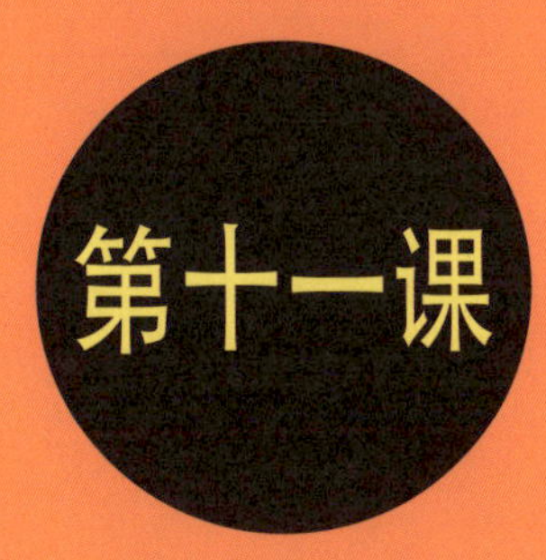

我好像感冒了。

기초 회화 

Dàifu, wǒ hǎoxiàng gǎnmào le.
李红: 大夫，我 好像 感冒 了。

Nǐ nǎr bù shūfu?
大夫: 你 哪儿 不 舒服？

Tóuténg, késou.
李红: 头疼、 咳嗽。

Fāshāo ma?
大夫: 发烧 吗？

Bù fāshāo.
李红: 不 发烧。

Jǐ tiān le?
大夫: 几 天 了？

Liǎng tiān le.
李红: 两 天 了。

Wǒ gěi nǐ kāi diǎnr gǎnmàoyào, yào zhùyì xiūxi.
大夫: 我 给 你 开 点儿 感冒药， 要 注意 休息。

感冒　gǎnmào 동 감기에 걸리다
舒服　shūfu 형 (몸·마음이) 편안하다
头疼　tóuténg 동 머리가 아프다
咳嗽　késou 동 기침하다
发烧　fāshāo 동 열이 나다

几天了　jǐ tiān le 며칠 되었나
开　kāi 동 (처방전을) 쓰다
感冒药　gǎnmàoyào 명 감기약
注意　zhùyì 동 주의하다, 조심하다

小红: Lìli zěnme méi lái shàngbān a?
丽丽 怎么 没 来 上班 啊?

相美: Nǐ bù zhīdào ma? Tā zhùyuàn le.
你 不 知道 吗? 她 住院 了。

小红: Shì ma? Shì shénme bìng?
是 吗? 是 什么 病?

相美: Tīngshuō shì gǔzhé.
听说 是 骨折。

小红: Yánzhòng ma?
严重 吗?

相美: Hǎoxiàng bú tài yánzhòng.
好像 不 太 严重。

小红: Wǒmen shì bu shì yīnggāi qù kànkan tā?
我们 是 不 是 应该 去 看看 她?

相美: Nà dāngrán, jīntiān xiàbān yǐhòu wǒmen yìqǐ qù kànkan tā ba.
那 当然, 今天 下班 以后 我们 一起 去 看看 她 吧。

小红: Hǎode.
好的。

丽丽 Lìli 리리(이름)
住院 zhùyuàn 동 입원하다
病 bìng 명 병, 질병
骨折 gǔzhé 동 골절되다, 뼈가 부러지다

严重 yánzhòng 형 위급하다, 심각하다
应该 yīnggāi 조 마땅히…해야 한다

문형 익히기

1

상황의 변화를 나타내는 '了'

(1) 정의 : '了'는 '是, 有'와 형용사, 명사술어문의 맨 끝에 쓰여 상황의 변화를 나타낸다.

(2) '是…了'의 형식

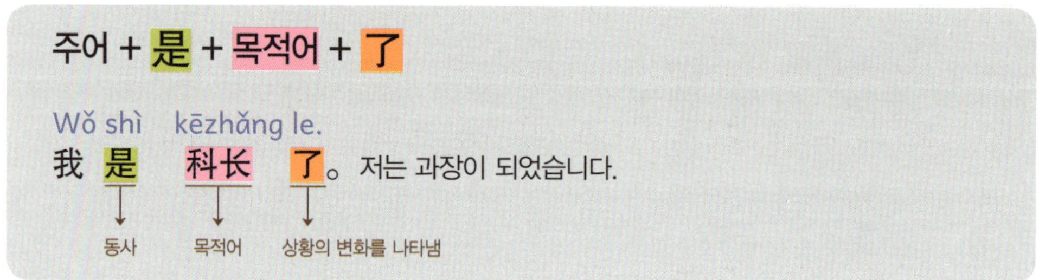

(3) '有…了'의 형식

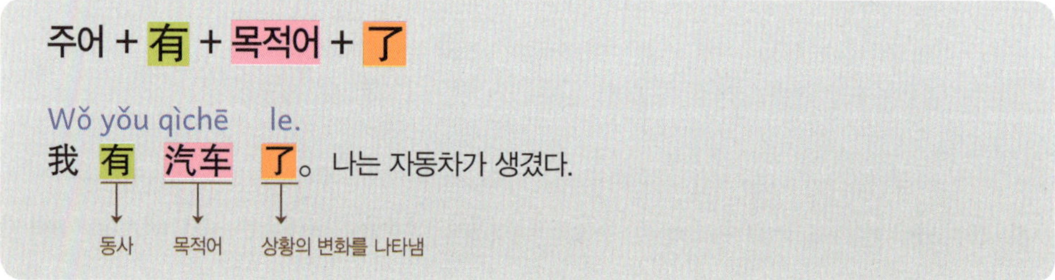

(4) '형용사…了'의 형식

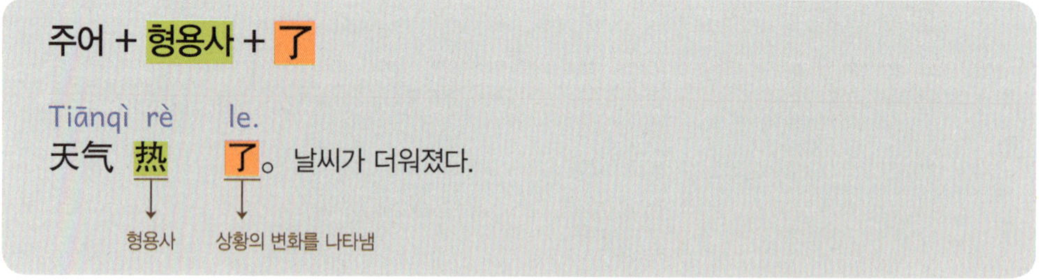

(5) '명사술어문…了'의 형식

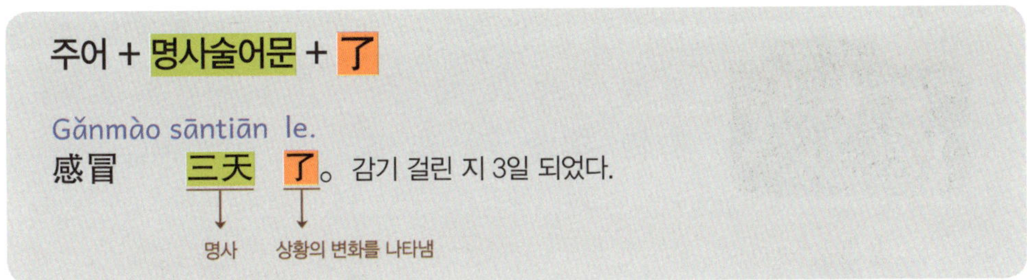

② 완료의 '了₁'와 변화의 '了₂'의 비교

(1) 동작의 완료를 나타내는 '了₁'은 행위동사 뒤이나 문장의 맨 끝에 쓰여 어떤 동작이 완료되었음을 나태내지만, 상황의 변화를 나타내는 '了₂'은 행위동사 뒤에 올 수 없고, '是, 有'와 형용사, 명사술어문의 맨 끝에 쓰여 상황의 변화를 나타낸다.

(2) 동작의 완료를 나타내는 '了₁'은 '没'로 부정하지만, 상황의 변화를 나타내는 '了₂'의 부정은 '是'와 형용사, 명사술어문은 '不'로, '有'는 '没'로 부정해야 한다.

③ '了'의 기타 용법

(1) '不 + 동사 / 형용사 + 了'의 형식으로 '지금은 …하지 않다'라는 뜻으로 변화를 나타낸다.

Wǒ bù chōuyān le.
我 不　抽烟 了。난 담배를 피우지 않는다.(옛날엔 피웠었는데 지금은 안 피운다는 뜻)

(2) '就(快)要…了'는 '곧…할 것이다'라는 뜻으로 어떤 상황이 곧 출현함을 나타낸다.

Yào xiàyǔ le.
要　下雨 了。비가 곧 내릴 것이다

Qiūtiān kuàiyào dào le.
秋天　快要　到 了。곧 가을이다.

말하기 연습

1 상황의 변화를 나타내는 '了'을 연습해보세요.

A: 他 毕业 几 年 了?　그는 졸업한 지 몇 년 되었습니까?
B: 他 毕业 两 年 了。　그는 졸업한 지 2년 되었습니다.

三年

A: 他们 结婚 几 年 了?
B: _________________。

A: _____________________?
B: 我 感冒 三 天 了。

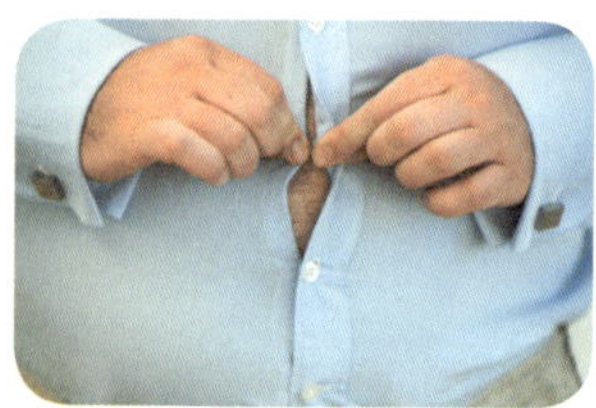

A: 他 胖 了 吗?
B: _____________________。

A: _____________________?
B: 天气 冷 了。

A: 要 下雨 了 吗?
B: 是的,_______________。

A: 你 快 到家 _________ 吗?
B: 我 快 到家 了。

2 '了，不' 로 아래의 빈칸을 채운 다음 한 사람은 책을 보고 다른 한 사람은 책을 보지 않고 회화연습을 해보세요.

A: 最近　天气　冷________。

B: 是 啊，最近　天气　特别　冷。

A: 我　饿________，我们　一起　去　吃饭　吧。

B: 我 ________ 想　吃，你　自己　去　吧。

A: 为什么　不　想　吃?

B: 我　在　减肥。

A: 我也想减肥, 可是减肥太难了。

B: 是啊!

그림 보고 말하기

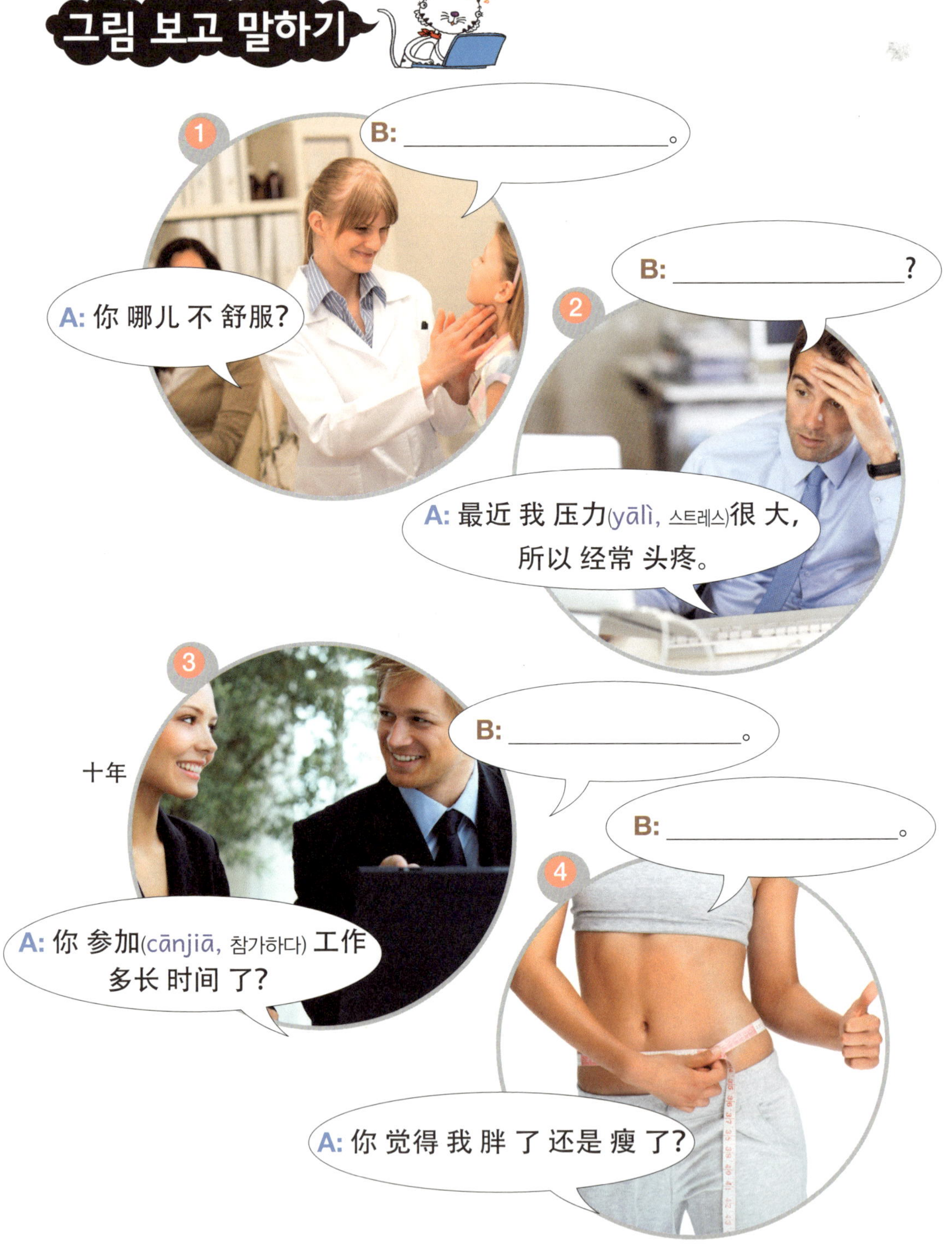
1
B: ____________________。
A: 你 哪儿 不 舒服?
2
B: ____________________?
A: 最近 我 压力(yālì, 스트레스)很 大,
所以 经常 头疼。
3
十年
B: ____________________。
A: 你 参加(cānjiā, 참가하다) 工作
多长 时间 了?
4
B: ____________________。
A: 你 觉得 我 胖 了 还是 瘦 了?

회화에 도전하기

1 2인 1조로 아래의 문답 연습을 하는데, 처음에는 두 사람 모두 책을 보고 하고, 두 번째는 질문하는 사람만 책을 보고 해보세요.

A: 你经常感冒吗？感冒的时候，你一般去医院吗？

B: _______________________________________。

A: 你住过院吗？是什么时候？为什么？

B: _______________________________________。

A: 你毕业几年了？你跟你的高中同学经常联系(liánxì, 연락하다)吗？

B: _______________________________________。

2 주어진 단어로 문장을 만들어 보세요.

1) 感冒　了　三天　我

2) 好像　他　了　住院

3) 以后　下班　一起　我们　喝酒　去　吧

4) 病　你　的　爸爸　吗　严重

5) 应该　我们　去　早点儿

6) 一定　注意　要　身体　你

쓰기에 도전하기

1 보기의 단어로 빈칸을 채운 다음 해석해 보세요.

> **보기**
>
> 应该，好像，头疼，严重，住院

1) 最近我经常__________、发烧。

　　해석→

2) 我朋友__________了，所以我得去医院看他。

　　해석→

3) 我的病不太__________，吃点儿药就可以了。

　　해석→

4) 他__________不知道这件事儿。

　　해석→

5) 现在你是学生，所以__________努力学习。

　　해석→

2 '了'의 두 가지 뜻 즉 '동작의 완료'와 '상황의 변화'로 문장을 만들어 보세요.

> **보기**
>
> '了 동작의 완료' ☞　**A:** 昨天你喝酒了吗?
> 　　　　　　　　　　**B:** 昨天我没喝酒。
> '了 상황의 변화' ☞　天气热了。

1) '了 동작의 완료' 　__________________________。

2) '了 상황의 변화' 　__________________________。

这是你新买的手机吗？

기초 회화

龙龙:
Zhè shì nǐ xīn mǎi de shǒujī ma?
这 是 你 新 买 的 手机 吗?

明明:
Shìde, zěnmeyàng? Piàoliang ma?
是的, 怎么样? 漂亮 吗?

龙龙:
Fēicháng piàoliang, kuǎnshì hé yánsè dōu shì zuìjìn zuì liúxíng de.
非常 漂亮, 款式 和颜色都 是 最近 最 流行 的。

明明:
Zhè ge shǒujī gōngnéng tèbié duō.
这 个 手机 功能 特别 多。

龙龙:
Dōu yǒu nǎ xiē gōngnéng a?
都 有 哪些 功能 啊?

明明:
Kěyǐ shōufā diànzǐ yóujiàn, hái kěyǐ shàngwǎng kàn diànshì.
可以 收发 电子 邮件, 还可以 上网 看 电视。

龙龙:
Yǒu méi yǒu dǎoháng gōngnéng a?
有 没 有 导航 功能 啊?

明明:
Dāngrán yǒu la.
当然 有 啦。

新 xīn (형) 새 것의
款式 kuǎnshì (명) 스타일
最近 zuìjìn (명) 최근, 요즈음
流行 liúxíng (동) 유행하다, 성행하다
功能 gōngnéng (명) 기능
收发 shōufā (동) 송수신하다
电子邮件 diànzǐ yóujiàn (명) 전자 우편, 이메일
上网 shàngwǎng (동) 인터넷을 하다
导航 dǎoháng (동) 인도하다, 네비게이션으로 길을 안내하다

실전 회화

王小军: 你 为什么 要买 车 啊?
Nǐ wèishénme yào mǎi chē a?

曲美丽: 买 东西 和 出去玩儿的 时候 太 麻烦 了。
Mǎi dōngxi hé chūqu wánr de shíhou tài máfan le.

王小军: 可是买 车 的话 支出 会 很 大。
Kěshì mǎi chē dehuà zhīchū huì hěn dà.

曲美丽: 在 别的 地方　节省 一点儿 就 可以 了。
Zài biéde dìfang jiéshěng yìdiǎnr jiù kěyǐ le.

王小军: 那倒 是, 你 想 买　什么样　的 车 啊?
Nà dào shì, nǐ xiǎng mǎi shénmeyàng de chē a?

曲美丽: 我　想　买 越野车。
Wǒ xiǎng mǎi yuèyěchē.

王小军: 我 有个 朋友 做汽车 销售 工作, 我 给
Wǒ yǒu ge péngyou zuò qìchē xiāoshòu gōngzuò, wǒ gěi
你 介绍 一下 吧。
nǐ jièshào yíxià ba.

曲美丽: 好 啊!
Hǎo a!

东西 dōngxi 몡 물건, 사물
出去 chūqu 동 나가다
玩儿 wánr 동 놀다
…的 时候 …de shíhou …할때
麻烦 máfan 혱 귀찮다, 번거롭다
可是 kěshì 접 그러나, 하지만

支出 zhīchū 몡 동 지출(하다)
节省 jiéshěng 동 아끼다, 절약하다
　　　　혱 낭비하지 않다
那倒是 nà dào shì 그렇긴 하다
越野车 yuèyěchē 몡 지프(jeep), SUV 차량
销售 xiāoshòu 동 판매하다

의문대명사 哪

의문대명사 哪는 '어느'란 뜻으로 두 개 혹은 여러 사물이나 사람 중 어느 것 혹은 어느 사람을 가리킬 때 사용한다. 哪 뒤에는 반드시 양사가 와야 한다. 따라서 '어느 책'은 '哪本书'라고 해야 하고, '哪书'라고 하면 안 된다.

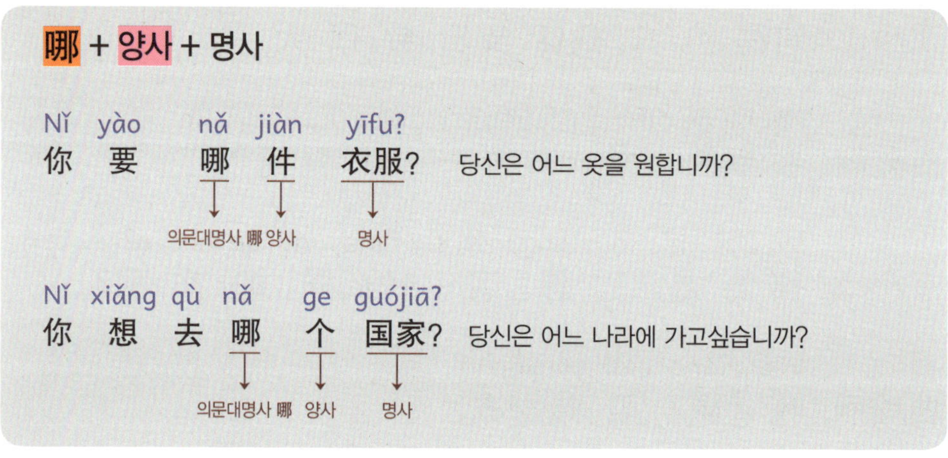

'会，能，可以'의 비교

조동사	뜻	긍정형/의문형	부정형
会	'…할 줄 알다'의 의미로 학습을 통해 어떤 기능에 숙달하게 되었음을 나타낸다.	Wǒ huì dǎ bàngqiú. 我 会 打 棒球。 나는 야구를 할 줄 안다.	Wǒ bú huì yóuyǒng. 我 不 会 游泳。 나는 수영을 할 줄 모른다.
	'…할 가능성이 있다'란 뜻으로 불확실한 추측을 나타낸다.	Míngtiān huì bu huì xiàyǔ? 明天 会 不 会 下雨? 내일 비가 올까요?	Míngtiān bú huì xiàyǔ. 明天 不 会 下雨。 내일은 비가 안 올 것이다.
	'会…(的) …할 것이다'의 뜻을 나타낸다.	Tā yídìng huì lái de. 他 一定 会 来 的。 그는 내일 반드시 올 것이다.	Tā bú huì lái de. 他 不 会 来 的。 그는 안 올 것이다.
能	'…할 가능성이 있다'란 뜻으로 가능성을 나타낸다.	Míngtiān wǒ néng qù. 明天 我 能 去。 내일 나는 갈 수 있다.	Míngtiān wǒ bù néng qù. 明天 我 不 能 去。 내일 나는 갈 수 없다.
	'能不能…? …하면 안 될까요?'란 뜻으로 여건상 허용할 수 있음을 나타낸다.	Néng bu néng piányi diǎnr? 能 不 能 便宜 点儿? 싸게 해 줄 수 있어?	Bù kěyǐ / Bù xíng. 不 可以/不 行。 안 된다.
可以	'할 수 있다. 가능하다'란 뜻으로 어떤 일의 실현 가능성을 나타낸다.	Kěyǐ zuò dìtiě qù. 可以 坐 地铁 去。 지하철을 타고 갈 수 있다.	Bù néng zuò dìtiě qù. 不 能 坐 地铁 去。 지하철을 타고 갈 수 없다.
	'…해도 된다'라는 뜻으로 허락을 나타낸다.	Zài zhèli kěyǐ chōuyān ma? 在 这里 可以 抽烟 吗? 여기서 담배를 피워도 돼?	Bù kěyǐ. 不 可以。 안 돼.

조동사 '会，能，可以'는 뜻이 비슷하기 때문에 혼동하기 쉬우므로 유의하길 바란다.

말하기 연습

1 '哪 + 양사 + 명사'의 형식으로 된 회화를 연습해보세요.

A: 你 的 手机 有 哪 些 功能?
당신의 핸드폰은 어떠한 기능이 있습니까?

B: 可以 收发 电子邮件, 还 可以 上网 看 电视。
이메일을 주고 받을 수 있고, 인터넷으로 텔레비전도 볼 수 있습니다.

A: 她 是 哪 国 人?

B: _______________________。

北京大学

A: 他们 是 哪 个 大学 毕业 的?

B: _______________________。

A: 你 想 买 哪 件 衣服 ?

B: _______________________。

A: 他 哪 天 出差?

B: _______________________。

A: 你 去 过 哪 些 国家?

B: _______________________。

A: 他 喜欢 哪 个 女孩儿?

B: _______________________。

그림 보고 말하기

1 2인 1조로 아래의 문답 연습을 하는데, 처음에는 두 사람 모두 책을 보고 하고, 두 번째는 질문하는 사람만 책을 보고 해보세요.

A: 你的手机都有哪些功能?

B: ＿＿＿＿＿＿＿＿＿＿＿＿＿＿＿＿＿＿＿＿＿＿＿＿＿。

A: 如果你有钱的话，你先买汽车还是房子?

B: ＿＿＿＿＿＿＿＿＿＿＿＿＿＿＿＿＿＿＿＿＿＿＿＿＿。

A: 开车的时候，你喜欢用导航仪(dǎohángyí, 네비게이션)吗?

B: ＿＿＿＿＿＿＿＿＿＿＿＿＿＿＿＿＿＿＿＿＿＿＿＿＿。

2 주어진 단어로 문장을 만들어 보세요.

1) 裙子　的　新　买　这　我　是

2) 房间里　上网　可以　吗　在

3) 每个月　大　支出　你的　大　不

4) 喜欢　工作　销售　做　吗　你

5) 花钱　节省　我　很

쓰기에 도전하기

보기의 단어로 빈칸을 채운 다음 해석해 보세요.

보기

节省，流行，什么样，新，上网，收发，款式，麻烦

1) 你喜欢__________的老师?

해석→

2) 今年很__________这种颜色。

해석→

3) 可以用手机__________电子邮件，非常方便。

해석→

4) 坐地铁上下班虽然不堵车，不过换车的时候，有点儿__________。

해석→

5) 这是我__________买的衣服。

해석→

6) 在网上买东西可以__________时间。

해석→

7) 我觉得这双鞋__________和颜色都不错。

해석→

8) 这里不能__________，也不能发传真。

해석→

중국의 토지제도

토지의 국유화를 시행하고 있는 사회주의 중국에서의 토지사용 역시 우리와 매우 다르다. 이를 잘 이해하지 못하면, 아파트나 주택 등과 같은 부동산 매입이나 비즈니스를 위한 회사부지 및 공장건물 등의 용도로 토지를 사용하려 할 때, 큰 곤욕을 치를 수 있으므로 잘 알아둘 필요가 있다.

중국의 헌법(제10조)과 토지관리법(제8조) 등에 의하면 중국 도시지역 대부분의 토지는 국가소유, 농촌지역 토지는 집체소유로 되어있다. 집체소유 토지란, 원래 농촌의 행정기관 등에서 해당 지역을 위한 공공시설이나 공익사업용, 혹은 농지나 농가 등의 용도로 사용하도록 분배된 토지이다.

중국의 토지제도는 자본주의 국가들의 토지제도와 달리 '토지소유권'의 매매나 증여 등이 원천적으로 불가능하다. 그 대신 '토지사용권'을 국가로부터 무상으로 분배받거나 일정대가를 지불, 유상으로 취득하는 방식으로 사용할 수 있다. 다시 말해, 중국에서는 정부로부터 분배나 취득의 형태로 획득한 토지사용권만이 거래나 담보 설정 등의 형태로 사용될 수 있는 것이다. 또한 거래나 담보 등의 대상이 될 수 있는 토지는 국가가 소유한 도시의 토지사용권일 뿐, 농촌지역의 집체소유 토지사용권은 원칙적으로 분배나 취득의 대상이 될 수 없다는 점에 주의해야 한다.

중국의 토지제도와 관련해서 간과해선 안 될 또 하나의 중요 사항이 있다. 중국에서는 토지소유권자와 건물소유권자의 분리가 거의 불가능하다는 점이다. 이에 따라 토지 위에 지어진 건축물은 토지에 종속되는 것이므로 해당 토지의 권리변동과 더불어 권리가 변동된다. 따라서 해당 토지사용권을 취득한 자가 그 위에 지어진 건축물도 소유하게 된다. 마찬가지로 토지사용권을 소유한 자나 집체토지사용권자로부터 토지를 임대 받은 사람이 그곳에 건물을 짓더라도 그 소유권은 해당 토지사용권을 지닌 사람에게 귀속됨을 잊어선 안 된다.

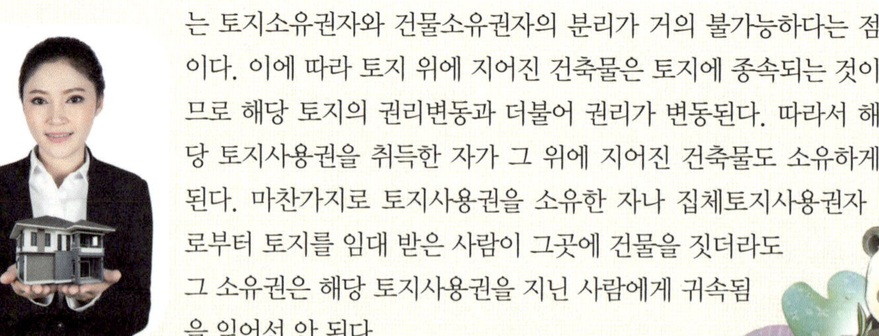

你学了多长时间汉语？

辛闵:
Nǐ Hànyǔ shuō de zhēn hǎo!
你 汉语　说 得 真 好!

相美:
Nǎli　nǎli,　hái chà de yuǎn ne.
哪里 哪里, 还 差 得 远 呢。

辛闵:
Nǐ xué le　duō cháng shíjiān Hànyǔ?
你 学 了 多 长　时间 汉语?

相美:
Wǒ xué le　yì nián.
我 学 了 一 年。

辛闵:
Wǒ xué le sān nián, kěshì wǒ de Hànyǔ què bùrú nǐ.
我 学 了 三 年, 可是 我 的 汉语 却 不如 你。

相美:
Wǒ juéde nǐ shuō de yě búcuò.
我 觉得 你 说 得 也 不错。

辛闵:
Cóng xià ge yuè kāishǐ wǒ　yào qù Zhōngguó gōngzuò la.
从 下 个 月 开始 我 要 去 中国　工作 啦。

相美:
Shì ma? Nà nǐ de Hànyǔ yídìng huì yǒu hěn dà jìnbù.
是 吗? 那 你 的 汉语 一定 会 有 很 大 进步。

学　xué 〔동〕 배우다, 학습하다
多长时间 duō cháng shíjiān 얼마동안
哪里哪里 nǎli nǎli 천만에요
还差得远呢 hái chà de yuǎn ne 아직 멀었어요
却　què 〔부〕 오히려
不如 bùrú 〔동〕 …만 못하다
从…开始 cóng…kāishǐ …부터
进步 jìnbù 〔명〕 진보

132

萌萌: Zuótiān nǐ zuò shénme le?
昨天 你 做 什么 了?

英淑: Wǒ gēn Xiǎoyīng guàng le yìtiān bǎihuòshāngdiàn.
我 跟 小英 逛 了一天 百货商店。

萌萌: Shì ma? Guàibude nǐ bù jiē diànhuà.
是 吗? 怪不得 你 不 接 电话。

英淑: Zhēn bùhǎoyìsi, nǐ zhǎo wǒ yǒu shénme shìr ma?
真 不好意思, 你 找 我 有 什么 事儿 吗?

萌萌: Zuìjìn xīnqíng yǒudiǎnr yùmèn, suǒyǐ xiǎng gēn nǐ liáoliao.
最近 心情 有点儿 郁闷, 所以 想 跟你 聊聊。

英淑: Nà jīnwǎn nǐ lái wǒ jiā chīfàn ba.
那 今晚 你 来 我 家 吃饭 吧。

萌萌: Nǐ dǎsuan gěi wǒ zuò shénme hǎochī de?
你 打算 给我 做 什么 好吃 的?

英淑: Wǒ gěi nǐ zuò wǒ zuì náshǒu de Yìdàlìmiàn, zěnmeyàng?
我 给 你 做 我 最 拿手 的意大利面, 怎么样?

萌萌: Tài hǎo le, nǐ zhēn shì wǒ de hǎopéngyou.
太 好 了, 你 真 是 我 的 好朋友。

小英 Xiǎoyīng 샤오잉(인명)

逛 guàng 동 거닐다, 돌아다니다

一天 yìtiān 명 하루

怪不得 guàibude 부 어쩐지

接 jiē 동 (전화를) 받다, 마중하다

不好意思 bùhǎoyìsi 미안합니다

找 zhǎo 동 찾다

心情 xīnqíng 명 마음, 기분

郁闷 yùmèn 형 답답하고 괴롭다, 우울하다

聊 liáo 동 한담하다, 잡담하다

好吃的 hǎochī de 맛있는 것

拿手 náshǒu 형 (어떤 기술에) 능하다, 자신있다

意大利面 Yìdàlìmiàn 명 스파게티, 파스타

1

시량보어

(1) 정의 : 동사나 형용사 뒤에 놓여 동작이나 상태가 얼마 동안 지속되었는지를 나타내는 보어를
시량보어라고 한다.

(2) 시량보어의 형식

시량보어는 아래의 형식으로 많이 사용된다. 목적어 앞에 오는 '的'는 생략할 수 있다.

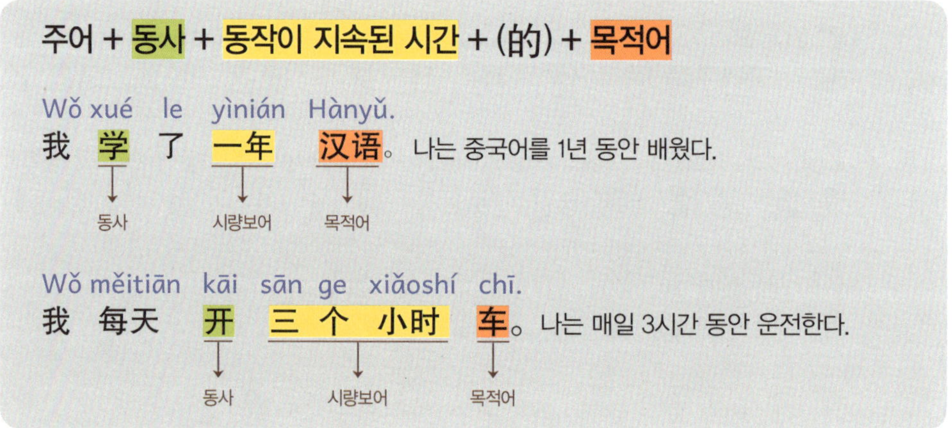

(3) 시량보어의 또 다른 형식

시량보어는 위의 형식 외에 아래의 형식으로도 많이 사용되는데, 뜻은 같다.

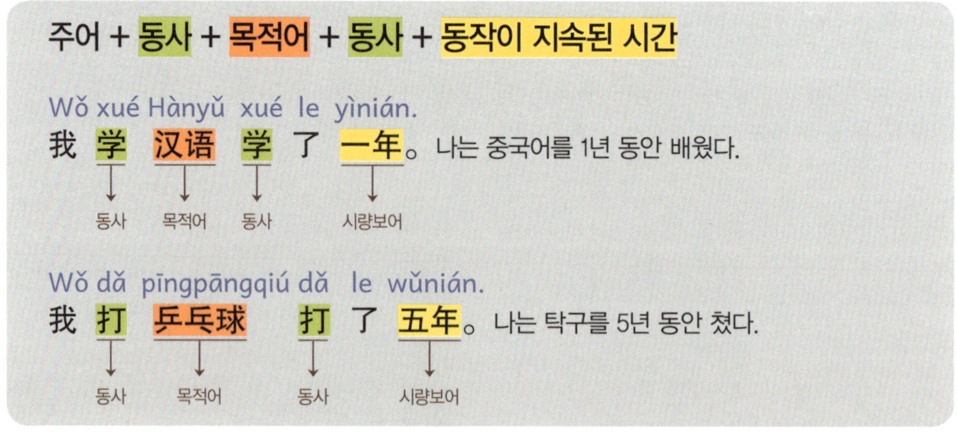

2

…多长时间…? …얼마동안…?

Nǐ xué le duō cháng shíjiān Hànyǔ?
你 学 了 多 长 时间 汉语?

Wǒ xué le sānnián Hànyǔ.
我 学 了 三年 汉语。

▶ 당신은 중국어를 얼마 동안 배우셨습니까? | 저는 중국어를 3년 동안 배웠습니다.

'多长时间 duō cháng shíjiān'은 '얼마 동안'이란 뜻으로, 시간의 길이를 나타내는데 몇 시간에서 몇 년을 모두 나타낼 수 있다. 여기서 '三年 sānnián 3년'은 시량보어로서 중국어를 배운 시간의 길이를 나타낸다.

从…开始 …부터

Cóng
从

bā diǎn
八 点
liǎng diǎn
两 点

kāishǐ
开始

kǎoshì.
考试。
kāihuì.
开会。

▶ 8시부터 시험칩니다. | 2시부터 회의를 합니다.

'从…开始 cóng…kāishǐ'은 '…부터'란 뜻으로 시간의 시작점을 나타내며, '从' 뒤에는 시간을 나타내는 명사가 와야 하고, '开始 kāishǐ' 뒤에는 술어 동사가 와야 한다.

말하기 연습

1 '几个小时, 几天, 几年'을 이용한 질문과 대답을 연습해보세요.

A: 他 看 了 几 个 小时 电视?
그는 몇 시간 동안 텔레비전을 봤습니까?
B: 他 看 了 两 个 小时 电视。
그는 2 시간 동안 텔레비전을 봤습니다.

七个小时

A: 她 睡 了 几 个 小时 觉?
B: ＿＿＿＿＿＿＿＿＿＿。

A: ＿＿＿＿＿＿＿＿＿＿?
B: 他 开 了 四 个 小时 车。

一个小时

A: 他 游 了 几 个 小时 泳?
B: ＿＿＿＿＿＿＿＿＿＿。

三天

A: 他 出 了 几 天 差?
B: ＿＿＿＿＿＿＿＿＿＿。

两个小时

A: ＿＿＿＿＿＿＿＿＿＿?
B: 他 喝 了 一 个 小时 酒。

六年

A: 他 打 了 几 年 网球?
B: ＿＿＿＿＿＿＿＿＿＿。

2 '동사 + 시간사 + 了, …한지 얼마 되었다', '동사 + 了 + 동작이 지속된 시간 + (목적어), …을 얼마동안 했다'의 뜻을 나타낸다. '了, 不, 没' 로 아래의 빈칸을 채운 다음 회화연습을 해보세요.

A: 昨天 晚上 你 喝＿＿＿＿＿ 几 个　小时 酒?

B: 喝＿＿＿＿＿三 个 小时。

A: 那 你 ＿＿＿＿＿ 累 吗?

B: 累 啊, 不过 ＿＿＿＿＿ 有 办法。

A: 你 参加 工作 几 年 ＿＿＿＿＿?

B: 八 年＿＿＿＿＿。

A: 你 对 你 现在 的 工作 满意 吗?

B: 比较 满意,　虽然 工作　很 累, 但是 收入 很 高。

그림 보고 말하기

B: ____________________。
A: 她 心情 怎么样？
B: ____________________。
A: 昨天 他 做 什么 了？
B: 我们 这儿 的 拿手菜 是 泡菜汤 (pàocàitāng, 김치찌개)。
A: ____________________？
B: ____________________。
A: 你 英语 说 得 真 好！

1 2인 1조로 아래의 문답 연습을 하는데, 처음에는 두 사람 모두 책을 보고 하고, 두 번째는 질문하는 사람만 책을 보고 해보세요.

A: 昨天晚上你看电视了吗? 看了几个小时?

B: _______________________________。

A: 你每天睡几个小时? 昨天晚上睡了几个小时?

B: _______________________________。

A: 你学了多长时间汉语?

B: _______________________________。

2 주어진 단어로 문장을 만들어 보세요.

1) 开始　从　八点　开会　早上

2) 多长时间　学　了　你　汉语

3) 拿手菜　你　是　的　什么

4) 跟　你　想　我　去　一起

5) 不如　这里　水果(shuǐguǒ, 과일)　的　那里　新鲜(xīnxiān, 신선하다)

쓰기에 도전하기

보기의 단어로 빈칸을 채운 다음 해석해 보세요.

보기

怪不得, 不好意思, 进步, 接, 找, 郁闷, 百货, 不如

1) 大家都说最近我的汉语__________很大。

해석→

2) __________你英语说得这么好，原来你在美国生活过五年啊。

해석→

3) 真__________，路上堵车，所以来晚了。

해석→

4) 你想__________什么样的男朋友？

해석→

5) 最近我工作不太顺利，所以心情比较__________。

해석→

6) 你为什么不__________我的电话？

해석→

7) 我想去__________商店，你陪我去，好吗？

해석→

8) 这件衣服__________那件衣服漂亮。

해석→

번역
연습문제
답안

제 1 과 이 옷은 얼마입니까?

● 기초 회화

종업원: 안녕하세요. 무엇을 사려고 합니까?

왕강: 셔츠를 사려고합니다.

종업원: 남성 셔츠를 사려고합니까? 여성 셔츠를 하려고 합니까?

왕강: 남성 셔츠를 하나 사려고합니다.

종업원: 남성 셔츠는 6층에 있습니다.

왕강: 말씀 좀 여쭙겠는데요, 엘리베이터가 어디에 있습니까?

종업원: 엘리베이터는 저쪽에 있습니다.

● 실전 회화

왕강: 이 옷은 얼마입니까?

종업원: 1300위안입니다.

왕강: 너무 비쌉니다. 좀 싸게 해줄 수 있나요?

종업원: 현금으로 사시면 10% 할인해 드릴게요.

왕강: 이 한 가지 색 밖에 없습니까?

종업원: 검정색도 있습니다.

왕강: 그럼 검정색으로 주세요.

종업원: 네. 잠깐만 기다리세요.

제2과 수영할 줄 압니까?

● 기초 회화

밍밍: 수영할 줄 알아?

룽룽: 난 수영할 줄 몰라.

밍밍: 그럼 야구 할 줄 알아?

룽룽: 야구 할 줄 알아. 게다가 아주 좋아해.

밍밍: 그래? 그럼 우리 야구 클럽에 가입할 생각이 있어?

룽룽: 어떤 야구클럽인데?

밍밍: 모두 샐러리맨이야, 토요일마다 함께 모여서 같이 야구 하거든.

룽룽: 잘됐다. 그럼 많은 친구를 사귈 수 있겠네.

실전 회화

아이: 엄마, 오늘 비가 올 것 같아?

엄마: 내가 볼 땐 안 올 것 같아.

아이: 일기예보 들었어?

엄마: 안 들었어. 그런데 내가 생각할 때 안 올 것 같아.

아이: 그럼 나 우산 안 가지고 갈 거야.

엄마: 만약 비가 오면 내가 학교에 가서 너를 데려 올게.

아이: 정말? 엄마, 사랑해.

엄마: 엄마도 너를 사랑해.

제3과 엄마는 무엇을 하고 있어?

기초 회화

언니: 엄마 집에 있어?

여동생: 집에 있어.

언니: 엄마는 무엇을 하고 있어?

여동생: 엄마는 주방에서 밥을 하고 있어.

언니: 할머님은 무엇을 하고 있어?

여동생: 할머님은 TV를 보고 있어.

언니: 아빠는?

여동생: 아빠는 아직 돌아오지 않았어.

실전 회화

아내: 지금 어디세요?

남편: 체육관에 있어요.

아내: 체육관에서 무엇을 하고 있어요?

남편: 배드민턴을 치고 있어요.

아내: 그럼 언제 집에 돌아올 건데요?

남편: 오늘 저녁에 집에 가서 식사하지 않을 겁니다.

아내: 왜요?

남편: 친구들이랑 같이 불고기 먹으러 가려고요.

아내: 알았어요, 너무 늦지 마세요.

제4과 어제 저녁에 무엇을 하셨습니까?

● 기초 회화

왕밍: 어제 저녁에 무엇을 하셨습니까?

리광: 친구랑 술을 마셨습니다.

남편: 오늘 저녁엔 무엇을 할 생각입니까?

리광: 오늘 저녁엔 야근을 해야 합니다.

왕밍: 그래요? 그럼 이번 주말에 시간 있나요?

리광: 시간 있습니다. 무슨 일 있습니까?

왕밍: 무료 영화티켓이 2장 있는데, 당신이랑 같이 영화 보러 가려고요.

리광: 좋아요.

● 실전 회화

왕강: 결혼 하셨습니까?

장치앙: 아직 안 했습니다.

왕강: 그럼 여자 친구 있나요?

장치앙: 없습니다. 2달 전에 여자 친구랑 헤어졌어요.

왕강: 그래요? 왜요?

장치앙: 저도 잘 모르겠습니다. 우리 둘은 늘 아주 작은 일 때문에 싸워요.

왕강: 지금 그녀가 보고 싶습니까?

장치앙: 어떤 땐 그녀가 많이 보고 싶습니다. 그런데 그녀가 이미 남자 친구가 있다고 들었습니다.

제5과 오늘은 어제보다 훨씬 춥습니다.

◉ 기초 회화

왕강: 오늘 정말 춥네요!

리훙: 그러네요! 오늘은 어제보다 더 춥네요.

왕강: 오늘 기온은 몇 도 입니까?

리훙: 영하 15도입니다.

왕강: 내일은 더 춥다고 들었습니다.

리훙: 그래요? 그럼 내일 기온은 몇 도입니끼?

왕강: 영하 20도 인 것 같습니다.

리훙: 다행히 내일이 토요일이여서, 집에서 푹 쉴 수 있습니다.

◉ 실전 회화

딸: 엄마, 나 남자 친구 생겼어.

엄마: 정말? 사진 있어?

딸: 있어, 내 핸드폰에 있어.

엄마: 키가 얼마야?

딸: 나도 잘 몰라. 그런데 나보다 훨씬 커.

엄마: 나이는?

딸: 그가 나보다 2살 어려.

엄마: 그럼 안 돼.

딸 : 왜 안 돼? 그가 나를 좋아하고, 내가 그를 좋아해. 이것이 가장 중요한 거야.

제6과 지금 나올 수 있어?

◉ 기초 회화

아내: 여보, 지금 나올 수 있어?

남편: 안 돼, 지금은 근무 시간이야, 마음대로 나갈 수 없어.

아내: 당신에게 할 말이 있어.

남편: 전화로 말하면 안 돼?

아내: 당신을 놀라게 해주고 싶어서.

남편: 그럼 반드시 좋은 일이겠네, 그렇지?

아내: 그럼, 내가 이미 당신 회사 아래층에 와 있으니, 잠깐 나와 봐.

남편: 좋아, 그럼 홀에서 기다려, 내가 바로 내려갈게.

● 실전 회화

밍밍: 룽룽, 빨리 와 봐.

룽룽: 왜?

밍밍: 봐봐, 저것이 뭐야?

룽룽: 동굴인 것 같은데.

밍밍: 우리 건너 가서 보자.

룽룽: 시간이 너무 늦었어. 집에 돌아가는 게 좋을 것 같아.

밍밍: 시간을 너무 많이 지체하지/허비하지 않을 거야. 건너 가서 보자.

룽룽: 좋아, 그럼 네 말을 들을게.

제7과 중국에 가본 적이 있습니까?

● 기초 회화

샤오광: 중국에 가본 적이 있습니까?

샤오위: 가본 적이 있습니다.

샤오광: 어디어디 가보셨습니까?

샤오위: 베이징, 상하이와 항저우에 가봤습니다.

샤오광: 베이징과 상하이는 저도 가봤는데 항저우는 가본 적이 없습니다.

샤오위: 항저우는 아름다운 서호뿐만 아니라 많은 미녀도 있습니다.

샤오광: 그래요? 기회가 있으면 반드시 서호에 가봐야겠네요.

● 실전 회화

샤오왕: 담배를 끊지 않았어요?

샤오장: 말도 마세요. 두 번 끊어본 적이 있는데, 모두 실패했습니다.

샤오왕: 저도 끊어본 적이 있는데 모두 성공하지 못했습니다.

샤오장: 담배를 끊는 것이 정말 어렵습니다.

샤오왕: 그렇습니다. 담배를 끊는 것은 술을 끊는 것보다 훨씬 어렵습니다.

샤오장: 지난 달에 신체검사를 했는데, 의사가 제 간이 안 좋다고 하셨습니다.

샤오왕: 저는 건강은 괜찮은데, 저의 부인이 제가 담배피우는 것을 아주 싫어합니다.

제8과 탁구를 잘 치십니까?

● 기초 회화

왕밍: 탁구 치실 줄 압니까?

리광: 탁구칠 줄 압니다.

왕밍: 탁구를 잘 치십니까?

리광: 탁구를 그런대로 좀 칩니다.

왕밍: 그럼 이번 주말에 우리 같이 탁구 치는 게 어때요?

리광: 우리 두 사람뿐인가요?

왕밍: 아니요, 또 두 친구가 있습니다.

리광: 좋아요, 그럼 우리 복식을 칠 수 있겠네요.

● 실전 회화

남편: 자기야, 오늘 저녁에 무엇을 먹을 거야?

아내: 내가 당신이 가장 좋아하는 탕수갈비를 했어.

남편: 그래? 잘 됐다. 그럼 술을 좀 마셔야겠네.

아내: 그럼 요리 두 개 더 해야겠네.

남편: 됐어, 빨리 밥 먹자.

아내: 좀 기다려, 내가 요리 하나 더 할게.

남편: 여보, 자기가 최고야.

아내: 헤헤.

제9과 백화점에 가려면 어떻게 가야 하나요?

● 기초 회화

왕강: 말씀 좀 여쭙겠습니다. 백화점에 가려면 어떻게 가야 하나요?

리훙: 곧장 앞으로가다가 좌회전 하세요.

왕강: 여기에서 멀어요?

리훙: 걸어서 대략 15분 걸립니다.

왕강: 버스를 탈 수 있습니까?

리훙: 네, 버스정류장이 바로 앞에 있습니다. 28번 타세요.

왕강: 감사합니다.

리훙: 별말씀을요.

● 실전 회화

샤오광: 길을 압니까?

샤오위: 길을 압니다. 제가 2번 온 적이 있습니다.

샤오광: 여기에서 우회전하나요? 아니면 좌회전 하나요?

샤오위: 우회전하세요.

샤오광: 그 다음요?

샤오위: 그 다음 다시 좌회전 하세요.

샤오광: 아직 멀었어요?

샤오위: 바로 도착합니다.

제10과 기차표를 사셨습니까?

● 기초 회화

왕강: 기차표를 사셨습니까?

리훙: 사지 못했습니다.

왕강: 그럼 어떻게 하나요?

리훙: 저도 잘 모르겠습니다.

왕강: 그러게요, 지금 기차표 사기 너무 어렵습니다.

리훙: 올해 당신은 고향에 가실 겁니까?

왕강: 고향에 갈 것입니다. 다행히 저는 이미 기차표를 샀습니다.

리훙: 당신이 정말 부럽네요!

● 실전 회화

밍밍: 제 핸드폰을 보셨습니까?

룽룽: 못 봤습니다.

밍밍: 방금 테이블 위에 놨는데, 왜 없어졌을까요?

룽룽: 다른 곳에 놓은 거 아닙니까?

밍밍: 제 기억으로는 테이블 위에 놓은 것 같은데.

룽룽: 아니면 제 핸드폰으로 전화를 한 번 해보세요.

밍밍: 맞아요, 이 방법이 괜찮네요.

제11과 제가 감기 걸린 것 같습니다.

● 기초 회화

리훙: 의사선생님, 제가 감기 걸린 것 같습니다.

의사: 어디가 불편하십니까?

리훙: 머리가 아프고, 기침을 합니다.

의사: 열이 납니까?

리훙: 열은 안 납니다.

의사: 며칠 됐나요?

리훙: 이틀 됐습니다.

의사: 감기약을 처방해 줄 것이니, 휴식을 좀 취하세요.

● 실전 회화

샤오훙: 리리가 왜 출근 안 했어?

샹메이: 너 몰라? 그녀가 입원했어.

샤오훙: 그래? 무슨 병인데?

샹메이: 골절이라고 들었어.

샤오훙: 심해?

샹메이: 그렇게 심하지 않은 것 같아.

샤오훙: 우리 그녀를 보러 가야 하는 거 아니야?

샹메이: 당연하지, 오늘 퇴근 후 우리 같이 그녀를 보러 가자.

샤오훙 : 좋아.

제12과 이것은 당신이 새로 산 핸드폰입니까?

● 기초 회화

룽룽: 이것은 당신이 새로 산 핸드폰입니까?

밍밍: 네, 어때요? 예쁩니까?

룽룽: 아주 예쁩니다. 디자인과 색상이 모두 최근 가장 유행하는 것이네요.

밍밍: 이 핸드폰은 기능이 아주 많습니다.

룽룽: 어떤 기능이 있습니까?

밍밍: 이메일을 주고받을 수 있고, 인터넷에 접속하여 TV도 볼 수 있습니다.

룽룽: 네비게이션 기능도 있나요?

밍밍: 당연히 있죠.

● 실전 회화

왕샤오쥔: 당신은 왜 차를 사려고 합니까?

취메이리: 물건을 살 때와 나가서 놀 때 너무 불편합니다.

왕샤오쥔: 그런데 차를 사면 지출이 아주 많을 것입니다.

취메이리: 다른 곳에서 조금 절약하면 됩니다.

왕샤오쥔: 그렇기는 합니다. 그럼 어떤 차를 사려고 합니까?

취메이리: SUV차를 사려고 합니다.

왕샤오쥔: 제 친구가 자동차 판매직을 하고 있는데, 제가 소개 해 들릴게요.

취메이리: 좋아요.

기초 회화

신민: 중국어를 정말 잘 하네요!

샹메이: 별말씀을요, 아직 멀었습니다.

신민: 중국어를 얼마 동안 배우셨습니까?

샹메이: 1년 동안 배웠습니다.

신민: 저는 3년 동안 배웠는데, 저의 중국어는 당신보다 못합니다.

샹메이: 제 생각에는 당신도 아주 잘 하는 것 같습니다.

신민: 다음 달부터 제가 중국에 가서 일하게 됐습니다.

샹메이: 그래요? 그럼 당신의 중국어는 반드시 크게 향상될 것입니다.

실전 회화

멍멍: 너 어제 뭐했어?

잉수: 샤오잉이랑 하루 종일 백화점에서 아이쇼핑을 했어.

멍멍: 그래? 어쩐지 전화를 안 받더라.

잉수: 정말 미안해. 왜 나를 찾았어? 무슨 일인데?

멍멍: 최근 기분이 우울해서 너랑 이야기 좀 하려고.

잉수: 그럼 오늘 저녁에 우리 집에 와서 밥 먹어.

멍멍: 나에게 무슨 맛있는 거 해줄 건데?

잉수: 내가 가장 잘하는 스파게티 해줄게. 어때?

멍멍: 좋아, 넌 정말 나의 좋은 친구야.

1과 这件衣服多少钱

말하기 연습

1. 我想吃面包。你想喝点儿什么?
2. 小心点儿，安静点儿，耐心点儿，热情点儿，冷静点儿，快点儿，慢点儿
4. 的话，结婚

그림 보고 말하기

1. 我想买裙子。2. 电梯在哪儿? 3. 能不能便宜点儿? 4. 香蕉打八折。

쓰기에 도전하기

1. 1) 只有 2) 用 3) 件 4) 电梯 5) 颜色

2과 你会游泳吗?

말하기 연습

2. 她会跟你结婚。你觉得他会来吗?
3. 可以打电话吗? 这里没有传真。

그림 보고 말하기

1. 他会做菜。2. 当然可以，你用吧。3. 明天你能来吗? 4. 我觉得韩国天气非常好

쓰기에 도전하기

1. 1) 觉得 2) 什么样 3) 接 4) 带

● 말하기 연습

2. 汽车钥匙在杯子旁边。我的钱包呢?

4. 你为什么不戒烟啊? 我想跟妈妈一起玩儿。

● 그림 보고 말하기

1. 她在买衣服。 2. 今天晚上她回家吃饭吗? 3. 我们什么时候出发?

4. 他在睡觉。

● 회화에 도전하기

2. 1) 我觉得今天不会下雨。

2) 我每天去体育馆打篮球。

3) 他还没回来。

4) 我想跟朋友一起去旅游。

5) 我妈妈正在打羽毛球呢。

6) 我在百货商店买东西呢。

● 말하기 연습

1. 我吃饭了。 / 我没吃饭。你喝酒了吗? 我到家了/我没到家。你给妈妈打电话了吗? 爸爸下班了吗? 我没买牛奶。

2. 明天晚上他弹钢琴。上个周末你去哪儿了? 他在开车。今天晚上你做什么? 周末我一般在家里休息。你在做什么?

● 그림 보고 말하기

1. 今晚我有空儿。 2. 他跟他爱人吵架了。 3. 是吗? 因为什么啊?

4. 你要几张电影票?

● **쓰기에 도전하기**

  1. 1) 事情　2) 已经　3) 还没　4) 听说　5) 晚

5과 今天比昨天冷多了。

● **말하기 연습**

  2. 爸爸比妈妈胖。电视比冰箱贵吗？
  4. 你爸爸今天多大了？一米六五。

● **그림 보고 말하기**

  1. 26度。2. 这里的衣服比东大门市场里的衣服贵吗？3. 他多高？4. 是吗？你买什么车了？

● **쓰기에 도전하기**

  1. 1) 好好儿　2) 重要　3) 照片　4) 更　5) 个子

6과 你现在能不能出来一下？

● **말하기 연습**

  3. 你想爬上去吗？我想走回去。
  4. 那里人太多了。一条裙子，不行吗？

● **그림 보고 말하기**

  1. 我已经到家了。2. 你现在能不能出来一下？好的，3. 好的。
  4. 不会耽误太长时间。

● **회화에 도전하기**

  2. 1) 你在酒店大厅等我吧。
     2) 你随便点吧，我吃什么都可以。

3) 你放心吧，我一定告诉他。

4) 我有话跟你说。

5) 他好像不知道这件事儿。

6) 在学校要听老师的话。

● 쓰기에 도전하기

1) 一定

2) 说

3) 耽误

4) 出去

5) 好像

6) 回来

7) 晚

8) 好事儿

7과 你去过中国吗?

● 말하기 연습

1. 我谈过恋爱。谈过三次。你去过济州岛吗? 你去过几次?

2. 我减过肥。你戒过烟吗?

3. 了, 过, 了, 过, 过

● 그림 보고 말하기

1. 是啊! 黄山的风景太漂亮了。2. 我去过北京，但是没去过上海。3. 你每年检查身体吗? 4. 他讨厌做什么?

● 회화에 도전하기

2. 1) 济州岛不仅有美丽的汉拿山，而且还有很多好吃的东西。

2) 老师每天都检查作业。

3) 有机会的话，我想去美国留学。

4) 我觉得戒烟比戒酒难多了。

5) 我没减过肥。

6) 你不是吃饭了吗?

쓰기에 도전하기

1) 了

2) 在

3) 没

4) 不，不

5) 了

6) 在，在

7) 没

8) 过

8과 你打乒乓球打得怎么样?

말하기 연습

他打篮球打得很好。你妈妈做菜做得怎么样?
他游泳游得不太好。 他开车开得怎么样?
得，得，得，太，怎么样，还可以，得，得

그림 보고 말하기

1. 我们吃意大利面。2. 他们在开会。3. 快点儿吃饭吧。4. 好的。

회화에 도전하기

2. 1) 我家只有一辆汽车。

2) 我想再吃点儿。

3) 每天晚上我睡得很晚。

4) 下个周末我们一起出去玩儿，好吗?

5) 中国人喜欢吃炒菜。

6) 今天晚上我想喝两盅，可以吗？

1) 还有
2) 做
3) 再
4) 只有

9과 去百货商店怎么走?

● 말하기 연습

1. 他家离公共汽车站很近。她家离火车站远吗？
2. 一直往前走，然后往右拐。去百货商店怎么走？

● 그림 보고 말하기

10公里。
3公里。
他们公司离百货商店很近。
一直往前走，然后往右拐。
一直往前走，过两个红绿灯就是百货商店。

● 그림 보고 말하기

1. 公共汽车站就在前边。 2. 银行离他家远不远？ 3. 可以坐地铁去你们公司吗？
4. 他坐二零一路。

10과 买到火车票了吗?

● 말하기 연습

1. 他找到钥匙了。 她找到孩子了吗？ 他吃完饭了。 他做完作业了吗？
2. 我们没约好。 西瓜卖光了吗？

3. 到，没，好，好

그림 보고 말하기

1. 是吗? 太好了。 2. 你看见我的钥匙了吗? 3. 用吧。 4. 当然可以，你试试吧。

회화에 도전하기

2. 1) 中秋节火车票太难买了。
   2) 春节你一般回老家吗?
   3) 听说你去中国留学，真羡慕你啊!
   4) 我没看见你的钥匙。
   5) 饭已经做好了。

쓰기에 도전하기

1) 放在
2) 用
3) 刚才
4) 做完
5) 看见
6) 找到
7) 要不
8) 买到

11과 我好想感冒了。

말하기 연습

1. 三年了。你感冒几天了? 他胖了。天气冷了吗? 要下雨了，了
2. 了，了，不

그림 보고 말하기

1. 发烧、头疼

2. 你哪儿不舒服？
3. 十年了。
4. 我觉得你胖了。

회화에 도전하기

2. 1) 我感冒三天了。
   2) 他好像住院了。
   3) 下班以后我们去喝酒吧。
   4) 你爸爸的病严重吗？
   5) 我们应该早点儿去。
   6) 你一定要注意身体。

쓰기에 도전하기

1) 头疼
2) 住院
3) 严重
4) 好像
5) 应该

12과 这是你新买的手机吗？

말하기 연습

1. 她是韩国人。他们是北京大学毕业的。我想买这件衣服。我12月8号出差。我去过美国和英国。我喜欢中间的女孩儿。

그림 보고 말하기

1. 我觉得非常漂亮。
2. 他喜欢做什么？
3. 你做什么工作？
4. 我不经常换手机。

● **회화에 도전하기**

2. 1) 这是我新买的裙子。
   2) 在房间里可以上网吗?
   3) 你每个月支出大不大?
   4) 你喜欢做销售工作吗?
   5) 我花钱很节省。

● **쓰기에 도전하기**

1) 什么样
2) 流行
3) 收发
4) 麻烦
5) 新
6) 节省
7) 款式
8) 上网

13과 你学了多长时间汉语?

● **말하기 연습**

1. 七个小时。他开了几个小时车? 他游了一个小时。他出了三天差。他喝了两个小时酒。他打了六年网球。
2. 了, 了, 不, 没, 了, 了

● **그림 보고 말하기**

1. 她心情不太好。
2. 昨天他踢足球了。
3. 你们这儿的拿手菜是什么?
4. 我英语说得很好。

● **회화에 도전하기**

  2. 1) 从早上八点开始开会。

      2) 你学了多长时间汉语?

      3) 你的拿手菜是什么?

      4) 我想跟你一起去。

      5) 这里的水果不如那里新鲜。

● **쓰기에 도전하기**

  1) 进步

  2) 怪不得

  3) 不好意思

  4) 找

  5) 郁闷

  6) 接

  7) 百货

  8) 不如